세상에서 가장 쉬운

뇌과학자의 부자 수업

세상에서 가장 쉬운

뇌과학자의 부자 수업

돈 버는 뇌를 만드는
뇌과학자의 23가지 처방전

스가와라 미치히토 지음

홍성민 옮김

청림출판

한 그루의 나무가 모여 푸른 숲을 이루듯이
청림의 책들은 삶을 풍요롭게 합니다.

| 프롤로그 |

오늘만 살 것처럼
돈 쓰는 사람들에게

이 책을 읽기 전에 먼저 집 안을 한번 둘러보자.

꼭 필요하다고 생각해서, 혹은 사야만 하는 어떤 이유를 만들거나, 스스로를 설득해서 구입한 물건들 중에, 최근 반년 동안 손도 안 댔거나 한두 번만 사용하고 먼지를 뒤집어쓴 채 놓여 있는 것은 없는가? 1년 이상 입지 않은 옷, 사용하지 않은 가방, 신지 않은 신발은 없는가?

지금 필요한 물건을 필요한 만큼만 사면 되는데 왜 우리는 당장 필요하지 않은 것까지 사게 될까? 누구나 월급날이 오기도 전에 생활비가 바닥나서 사고 싶은 것이 있어도 참거나, 꼭 필요한 물건도 사지 못한 경험은 있을 것이다.

미래를 생각하면 꼭 필요하지 않는 물건을 사는 것보다 그 돈을 저축해 두는 것이 좋다는 사실쯤은 누구나 잘 알고 있다. 그러나 현재 자신의 저축액이 얼마인지 확인해 보자. '이 정도면 안심이다', '만족할 만큼 모았다'라는 생각이 드는가? 아마 아닐 것이다.

왜 우리는 늘 '돈' 걱정을 안고 살까? 수입이 부족해서? 물론 그럴 수도 있다. 그러나 지금보다 수입이 늘어도 몇 개월 후에는 같은 고민을 한다. 이유는 간단하다. 그렇게 되도록 우리의 뇌가 만들어졌기 때문이다.

뇌는 낭비하도록 만들어졌다!

뇌과학과 심리학의 발달로 우리는 우리의 뇌에 여러 가지 '버릇'이 있다는 사실을 알게 되었다. 자세한 내용은 책에서 설명하겠지만, '낭비'도 그 버릇의 영향 중 하나다. 그리하여 이 책에서는 낭비를 하게 만드는 뇌의 버릇을 먼저 파악하고자 한다.

또한 뇌 전문가로서 나는 가능한 한 과학적으로 돈에 대해 이야기하면서, 뇌의 힘을 활용해 소비를 조절하고 돈을 모으는 방법을 설명하고자 한다. 이것은 절약이나 투기와는 다른 관점에서 '자유롭게 쓸 수 있는 돈'을 늘리는 방법이다.

이 책에서 언급하는 '뇌의 버릇'은 폭넓은 분야에서 활용되고 있다. 예를 들어, 서비스와 음식 맛이 거의 같은 식당 A와 B가 있다고 하자. A는 코스 요리가 5만 원, B는 6만 5천 원인데 B의 경우 쿠폰으로 1만 5천 원을 할인받을 수 있다. 그럼 A와 B가운데 어느 식당에서 먹는 편이 '이득'일까? 식사를 했을 때의 '만족감'은 어떨까? 인터넷에서 B식당의 평가가 높았다면 그것은 무엇 때문일까?

객관적으로 보면 둘 중 어느 식당에서든 비슷한 음식을 똑같은 값에 먹을 수 있으니 딱히 손해를 보거나 이득을 얻는 것도 아니다.

하지만 우리 뇌는 B식당에서 먹을 때 이득을 느끼고 만족감이 높다고 판단한다. 혹은 평소에는 '1인분 코스가 5만 원이라니, 비싸네!' 하고 생각하는 사람도 '1만 5천 원이나 할인된다면 먹어 봐도 괜찮겠다'라고 생각하기 쉽다. 이때 뇌는 앵커링 효과(98쪽 참고)와 밴드왜건 효과(43쪽 참고)의 포로가 된다.

뇌에는 물건의 가치를 무언가와 '비교'해 판단하는 버릇, 또 여러 가지 판단을 고민하지 않고 '자동적'으로 하려는 버릇이 있다. 이것은 모든 사람의 뇌가 갖는 공통적인 성질이다. 그리고 판매자는 뇌의 이런 성질을 이용해 우리에게 다양한 덫을 설치한다. 이런 판매 방법은 예전에는 각 마케팅 담당자의 경험을 바탕으로 만들어졌지만, 현재는 뇌과학과 심리학으로 고객의 행동 패턴과 자료를 분석함으로써 새로운 방법이 하나씩 생겨나고 있다.

이렇듯 판매자는 소비자의 구매를 유도하기 위해 뇌의 특정한 버릇을 이용하는데, 막상 소비자인 우리는 뇌가 가진 버릇의 존재조차 알지 못한다. 과연 우리가 외부의 어떠한 영향도 받지 않고 오롯이 자신의 뜻으로 물건을 구입하고 돈을 모으며 자유로운 인생을 위한 기초적인 발판인 '돈으로부터의 자유'를 얻을 수 있다고 자신할 수 있을까? 결국 뇌의 버릇을 알아야 자신의 돈을 지키고 더 나아가 돈을 모으는 '무기'를 얻을 수 있다.

돈의 사용법을 알면 행복한 인생이 보인다

자신의 소비를 스스로 조절하는 행동은 단지 '돈으로부터의 자유'를 얻기 위함이 아니다. 소비를 조절하게 되면 인생에서 우선순위를 스스로 결정할 수 있고, 나아가 자신의 인생을 주도적으로 움직일 수 있게 된다.

우리는 단 한 번뿐인 인생을 어떠한 사전 준비도 없이 살고 있다. 한 번뿐인 인생인 만큼 즐겁게 살고 싶고 성공하고 싶어 할 것이다. 그러나 누구나 즐거운 일과 슬픈 일, 좋은 일과 나쁜 일을 모두 경험한다. 그래도 마지막 순간에 삶을 뒤돌아보았을 때, 자신에게 안 좋았던 일보다 좋았던 일을 더 많이 떠올릴 수 있다면 '행복한 인생'이었다고 생각할 것이다. 반대로 좋지 않은 일, 괴로웠던 일만 떠오른다면 어떨까? 후회와 미련이 남는 인생이 될지 모른다.

인생에서 수치화할 수 있는 것은 극히 일부이다. 많을수록 좋을 것만 같았던 돈도 인생의 전부를 말해주는 것은 아니다. 그러나 돈이라는 지표를 사용하면 나의 인생이 지금 어떤 상태이며 꿈꾸는 미래를 현실로 만들기 위해 앞으로 어떤 식으로 달라져야 하는지 쉽게 알 수 있다.

또한, 진심으로 갖고 싶은 '물건'과 하고 싶은 '경험'을 스스로 선택해 소중한 것들에 둘러싸여 생활할 수 있다. 그런 삶이 가능하도록 이 책이 작은 도움을 줄 수 있기를 바란다.

지금부터 뇌의 버릇과 돈의 흐름을 조절하는 방법을 알아보자. 그리고 풍요롭고 행복한 인생을 만들어 나가자.

이 책의 목적

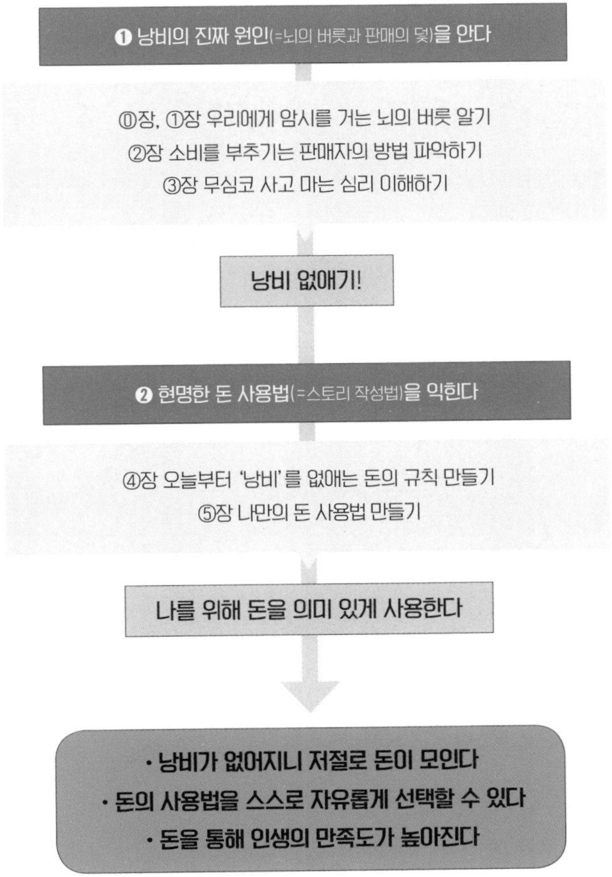

❶ 낭비의 진짜 원인(=뇌의 버릇과 판매의 덫)을 안다

⓪장, ①장 우리에게 암시를 거는 뇌의 버릇 알기
②장 소비를 부추기는 판매자의 방법 파악하기
③장 무심코 사고 마는 심리 이해하기

낭비 없애기!

❷ 현명한 돈 사용법(=스토리 작성법)을 익힌다

④장 오늘부터 '낭비'를 없애는 돈의 규칙 만들기
⑤장 나만의 돈 사용법 만들기

나를 위해 돈을 의미 있게 사용한다

- **낭비가 없어지니 저절로 돈이 모인다**
- **돈의 사용법을 스스로 자유롭게 선택할 수 있다**
- **돈을 통해 인생의 만족도가 높아진다**

| 차례 |

나의 지갑을 노리는 위험한 수법

험난한 세상에서 내 돈 지키는 법

수입이 그대로여도 잔고는 늘어나는 비결

5장 저절로 돈이 모이는 뇌 습관

MAKE
MONEY

뇌 사전에 절약은 없다

부자 수업

낭비 습관,
바꾸고 싶지만 쉽지 않다!

: 뇌의 숨겨진 버릇 알기

· 저축 생각은 있지만 매달 생활하기도 빠듯하다.
· 외출했을 때 뭔가 사지 않으면 직성이 풀리지 않는다.
· 인터넷 쇼핑으로 과소비를 하고 만다.

이처럼 번번이 우리를 괴롭히는 낭비 습관을 바꾸고 싶은 사람들이 많을 것이다.

하지만 잠깐 생각해 보자. 우리는 소비하는 그 순간만큼은 '낭비'하고 있다고 생각하지 않는다. 실제로 돈을 지불할 때는 약간의 만족감까지 느끼곤 한다. 그런데도 왜 물건을 사고 난 후에 '반성'하게 될까? 사실 '낭비가 심하다'고 고민하는 사람들은 모두 자신의 뇌 구조, 그리고 만족도 높은 돈 사용법을 알지 못한다. 이번 장에서는 이런 사람들을 위해 낭비를 멈추지 못하는 이유 속에 숨겨진 뇌의 버릇을 알아본다.

01

제대로 된 돈 사용법 알기

뇌와 마음이
보는 돈

우리는 매일매일 숨 쉬듯 자연스럽게 돈을 쓴다. 그런데도 왜 만족하면서 돈을 쓰기가 힘들까? 그 답은 간단하다. 아무도 제대로 된 돈의 사용법을 가르쳐 주지 않은 탓이다. 우리는 심지어 돈을 사용하는 데에 올바른 방법과 잘못된 방법이 있다는 사실조차 모른다.

특히 내가 살고 있는 일본 사회는 돈에 대해 말하는 것을 기피하는 경향이 있다. 예를 들어, 중학생 정도의 자녀에게 부모의 연 수입을 알려 주는 가정이 얼마나 될까? 학비는? 대출금은? 여름휴가 때 든 여행 경비는? 우선 부모부터가 자신도 그런 가계 상황을 모른 채 자랐다고 말하는 경우도 많을 것이다.

자신의 가정도 그런데, 하물며 다른 사람의 지갑 사정이나 돈 사용법은 특별한 기회가 없는 한 알 수 없는 게 현실이다(만족도 높은 돈 사용법을 따로 배우지 않는 한 돈의 사용법을 알려 주는 사람은 자신의 부모나 극히 일부 사람들로 한정된다). 그러니 돈을 제대로 쓸 줄 모르는 사람이 많은 것은 어떤 의미에서 당연하다고 할 수 있다.

그것이 바로 뇌신경외과 전문의인 내가 '돈에 관한 책'을 쓰는 이유다. 물론 금융자산관리사, 세무사, 은행원, 증권사 직원, 경제 평론가처럼 돈에 관계된 일을 하는 전문가는 많다. 그러나 그들이 다루는 돈은 어디까지나 눈에 보이는, 즉 '외면적인 돈'이다. 말하자면 '지금 있는 돈을 어떻게 활용할까', '돈을 어떻게 불릴까' 하는 것들은 가르쳐 주어도 '돈을 어떻게 사용해야 좋을까', '어떻게 돈을 사용해야 만족감이 높아질까' 하는 '내면적인 돈'은 가르쳐 주지 않는다.

이는 그들의 전문 분야가 '돈'이지 '사람'이 아니기 때문이다. 사람이 어떻게 생각하고 행동하고 무엇의 영향을 받는지, 그리고 뇌가 그 일들에 어떻게 관여하는지 알지 못하는 탓이다.

반면에 나는 '외면적인 돈'에 관해서는 문외한이지만, 인간의 뇌 구조와 심리 작용에 대해서는 전문적으로 공부해 왔다. 그래서 '돈은 그저 불리기만 하면 된다', '절약하면 된다'는 생각과는 다른 가치관을 바탕으로, 즉 뇌와 마음의 관점에서 보다 만족도 높게 돈을 사용하는 방법을 제안하려 한다. 무엇보다 돈을 잘 써야 제대로 돈을 모으고 인생을 주도적으로 살 수 있음을 모두가 알기를 바란다.

02

우리가 사는 게 아니라 뇌가 사게 만든다!

뇌 때문에 하는
손해 보는 판단

우리가 뭔가를 선택하거나 판단할 때는 뇌가 활동을 한다. 그리고 뇌는 우리가 깨어 있을 때는 물론이고 잠을 잘 때도 계속 활동한다.

이처럼 24시간 365일 뇌는 쉼 없이 움직이기 때문에 가능한 한 '에너지 절약 모드'로 일한다. 즉 사물에 대해 깊이 생각하는 일을 가급적 줄이고 많은 것들을 자동적으로, 하던 대로 처리한다.

그러한 자동 처리가 바로 이 책에서 다루려 하는 '뇌의 버릇'이다. 사람은 누구나 사고思考와 판단을 할 때 합리성이나 논리성보다는 뇌의 버릇으로부터 영향을 받는다. 그리고 그 버릇에 따라 판단한 결과 '손실'을 보는 선택을 하고 외부 요인에 속아도 심지어 기쁨을 느낀다. 나아가, 객관적으로 보면 속는 것을 알면서도 이를 못 본 척하는 경우도 의외로 많다.

마술의 속임수를 놓칠 수밖에 없는 이유

마술 쇼를 본 적이 있는가? 카드 마술 하나만 보더라도 놀라운 일들이 계속된다. 마술사는 관객 등 누군가가 무작위로 뽑은 카드의 그림이 무엇인지 정확히 맞히고, 그 카드가 생각지도 못한 곳에서 나오게도 만든다.

개중에는 눈속임을 알아내려는 사람도 있을 것이다. 나도 텔레비전에서 마술 프로그램을 보게 되면 어떻게든 속임수를 밝혀내려고 화면을 뚫어져라 바라보곤 한다. 그러나 프로그램에서 일부러 트릭을 공개할 때 알게 되는 경우 외에는 한 번도 알아낸 적이 없다.

마술은 마술사의 손끝에서 나온 기술만으로 이루어지지 않는다. 여기서도 마술사는 관객들의 뇌가 가진 버릇을 이용한다. 예를 들어, 연출을 화려하게 함으로써 트릭을 눈치채지 못하게 관객의 시선을 엉뚱한 곳으로 돌리는 미스디렉션misdirection이 그 대표적인 수법이다.

우리 뇌는 이러한 미스디렉션을 사용해 '지금은 관객이 이것을 봤으면 좋겠다(그 외의 부분은 보지 않았으면 좋겠다)' 하는 마술사의 의도에 반강제적으로 넘어간다. 논리적인 사고나 합리적인 판단을 하지 못한 채 마술사의 뜻대로 조종당하는 것이다.

그래서 관객들은 아무리 필사적으로 마술사의 동작에 주목하더라도 트릭을 놓칠 수밖에 없다. 이렇게 뇌의 버릇을 이용하면 '보여 주고 싶은 것만 보이게 하는 일'은 어렵지 않다.

평소 우리가 돈을 쓸지 말지를 판단하는 상황에서도 이 같은 일이 일어난다. 특히 영업 방식과 광고에는 우리가 무의식적으로 돈을 쓰도록 유도하는 다양한 장치가 포함되어 있다. 그러다 보니 이성적이고 판단력이 뛰어난 사람도 한 번쯤은

'내가 왜 이런 걸 샀을까?' 하고 후회하는 소비를 한 적이 있을 것이다.

이는 '무심코 사고 싶어지도록' 뇌가 유도되기 때문이다. 따라서 낭비를 없애고 만족도 높게 돈을 쓰기 위해서는 뇌를 유혹하는 속임수를 알아차려야 한다.

뇌는 본질적으로 주위에 휩쓸리기를 좋아한다

이처럼 우리의 뇌가 간단히 유도되는 배경에는 본질적으로 뇌는 '주위에 휩쓸리거나 잘 속는다'는 특징이 있기 때문이다.

그 이유를 뇌라는 장기의 특성으로 설명해 보자. 성인의 뇌 무게는 약 1,400그램으로, 평균적으로 체중의 2퍼센트에 불과하다. 반면에 소비하는 에너지를 보면, 성인이 하루에 필요로 하는 에너지의 약 20퍼센트를 사용한다. 우리 몸에서 이렇게 많은 양의 에너지를 쓰는 장기는 뇌뿐이다.

그래서 뇌는 에너지 낭비를 조금이라도 줄이기 위해 가능한 한 '반사적'으로 사물을 판단하고, 중대한 판단일수록 '뒤로 미루거나' '평소대로' 생각하려고 한다. 바꿔 말하면, 우리의 사령탑인 뇌는 생각하고 판단하는 일을 매우 싫어하는 '게으름뱅이'라 할 수 있다.

예를 들어, 우리는 옆 사람이 이쪽으로 뭔가를 내밀면 일단 받는다. 또 가려운 곳이 있으면 무의식적으로 손을 뻗어 긁는다. 주위에서 생기는 모든 일에 대해 하나하나 생각하면 피곤하다. 그래서 우리의 뇌는 일상적으로 일어나는 이런 일에는 거의 무의식적으로 대응한다. 상상 이상으로 많은 일들을 '자동적'으로 판단하고 선택하는 것이다.

낭비의 원인은 우리의 머릿속에 있다

'또 마구 사 버렸네…….'

이런 후회는 대부분 이성적으로 판단하며 꼭 필요한 물건을 적당히 사지 않고 뇌의 반사적 판단에 따라 무의식적으로 쓸모없는 물건을 구입하거나, 너무 많은 물건을 계산했을 때 일어난다. 우리가 미처 깨닫지 못한 사이에 뇌가 속아서 비논리적 추론에 따라 잘못된 판단을 내리는 것, 이를 심리학 용어로 '인지 편향Cognitive Bias'이라고 한다. 사실은 필요하지 않은데 판단(인지)이 멋대로 왜곡(편향)되어 '갖고 싶다' 혹은 '필요하다'고 생각한다. 그래서 사고 마는 것이다.

우리가 의지하는 뇌는 우리 몸의 착실한 일꾼이 아니다. 때로는 우리가 쓸모없는 잡동사니를 사게 만들고 중요한 일을 하는 데 써야 할 에너지를 엉뚱한 곳에 사용하게 만들기도 한다. 그래서 현명한 소비를 위해 우리는 뇌를 혼란스럽게 하는 인지 편향을 꿰뚫어 올바로 판단해야 한다.

소비와 관련하여 어떤 인지 편향이 있을까? 다음 장부터 구체적인 사례와 함께 살펴보자.

**내가 가난한 건
내 탓이 아니라 뇌 탓!**

03

왜 뇌는 그렇게 간단히 믿어 버릴까?

우리를 속이는
인지 편향

아이폰iPhone. 이는 2007년 이후 세계적으로 판매되고 있는 소형 정보 단말기의 명칭이다. 지금은 우리 생활에 완전히 녹아들어 결코 없어서는 안 되는 물건 중 하나이기도 하다.

애플의 창업자로, 아이폰 개발을 이끈 스티브 잡스Steve Jobs는 인간의 구매 심리에 대해 다음과 같이 매우 흥미로운 이야기를 한 바 있다.

"(우리가 제품을 직접 보여 주기 전까진) 고객들은 자신이 무엇을 원하는지 모른다."

이 말은 아이폰에 대한 세간의 반응을 상징한다고 할 수 있다. 물론 아이폰이 발매되기 이전에도 정보 단말기는 존재했지만 아이폰만큼 폭발적인 반응을 끌어내지는 못했다. 그러던 때에 스티브 잡스는 터치스크린 기술을 전면에 내세운 디자인에, 언제든 인터넷에 연결되는 정보 단말기를 개발해 우리를 사로잡았다. 전 세계적인 누계 판매 대수는 이미 10억 대가 넘는다.

하지만 그가 그 정보 단말기를 개발하기 전에는 아무도 그런 기기를 갖고 싶어 하지 않았다. 아니, 생각지도 못했다. '지금 갖고 있는 기계가 좀 더 편리했으면 좋겠다' 정도가 고작이었다. 그런데 아이폰이 등장하자 많은 사람들은 '이게 바로 내가 원했던 거야!' 하는 착각을 하게 되었다.

마차가 도로를 누비던 시대에 자동차를 개발해 '자동차의 아버지'로 불리는 헨리 포드Henry Ford 또한 이렇게 말했다.

"만약 소비자에게 '무엇이 필요합니까?'라 물었다면 '더 빨리 달리는 말이 필요해요'라는 대답밖에 듣지 못했을 것이다."

자동차가 없던 시대에 말을 이용하지 않으면서 더 빠르고 편리한 교통수단을 갖고 싶다고 말하는 사람은 없었을 것이다.

스티브 잡스와 헨리 포드는 우리에게 우리가 자기 마음의 소리를 정확히 듣지 못한다는 사실을 알려주었다. 그래서 새로운 어떤 것이 등장하면, 진짜로 원하는 것인지 아닌지도 모른 채 '갖고 싶다'고 생각하게 된다. 여기에 광고나 방송의 영향을 받아 물욕은 점점 커진다. 게다가 인터넷이 있으니 갖고 싶은 것이 생기면 손쉽게 금방 구입한다.

오늘날 많은 20, 30대 청년들이 "자동차는 필요 없다", "내 집 없이 월세나 전세로도 충분하다"라며 물욕 없는 모습을 보이고 있다. 하지만 이들의 주머니에 돈이 모이지 않는 이유는 무엇일까? 이전 세대와 비교해 수입이 적다는 점을 감안해도 이해가 가지 않는 부분이 있다. 분명 물욕에 사로잡혀 어딘가에서 낭비를 하기 때문일 것이다. 현관문만 열고 나가면 코앞에 편의점이 있는 시대에는 작은 물욕이 쌓여 큰 지출로 나간다.

앞으로 세상은 인류가 지금까지 경험한 적 없는 속도로 빠르게 바뀔 것이다. 그 흐름에 휩쓸리지 않고 자신의 생활 방식을 진지하게 바라보며, 우리를 어지럽히는 '인지 편향'을 깨달아야 한다. 이는 변화의 한복판에 선 우리가 나다운 인생을 충실히 살아갈 수 있는 무기가 되어 줄 것이다.

MAKE
MONEY

문제는 돈,
더 큰 문제는 뇌

부자 수업

알아 두어야 할 덫·덫·덫

: 뇌의 착각과 뇌를 착각하게 만드는 구조

뇌는 필요하지 않은 물건을 봐도 어느새 '갖고 싶다', '사야 한다'고 착각한다. 뇌가 이렇게 믿어 버리면 우리는 적정치 이상을 사더라도 '유혹에 넘어가서 사고 말았다'는 인식을 하지 못한다. 또한 자신이 돈을 지불하고 산 물건에 대해서 '필요한 물건이었다'라고 합리화하기 때문에 실제로는 불필요한 물건들에 둘러싸여 있으면서도 자신은 '똑똑한 소비를 한다'고 믿는다.

그래서 나는 이 장에서 각 글의 첫머리에 뇌의 착각에 속아 소비하는 사람들의 '주요 증상'을 정리해 놓았다. 먼저, 이 증상들을 순서대로 확인해 보자. 자신에게 해당하는 항목이 있는가? 그렇다면 당신은 그 덫에 걸려 자신의 의사가 아닌 소비를 할 가능성이 높다고 할 수 있다. 이런 경우 단단히 마음을 먹고 본문의 '처방전'에 쓰여 있는 사항을 실천하자. 돈의 사용법이 달라질 것이다.

01

쇼핑으로 스트레스를 해소하지 말 것

구입 순간의 흥분은
도파민의 속임수

주요 증상

* 스트레스가 쌓이면 자신도 모르게 과소비를 한다.
* 물건을 산 일만으로 만족해서 포장지를 뜯지 않거나 가격표가 붙은 채 놓아둔다.
* 겉모양을 보고 구입하는 경우가 많으며 사고 난 뒤에는 쉽게 질려서 오래 사용하지 않는다.

쇼윈도에 걸려 있는 멋진 옷, 눈부신 조명 아래 화려하게 진열된 소품…….

그 앞을 지나가는 것만으로도 심장이 두근거리고 기분이 좋아지는 사람들이 많을 것이다. 특히 '앗, 이건 나를 위한 거야!'

하는 생각이 드는 물건을 보았을 때는 가슴이 뛰며 흥분하기까지 한다.

하지만 이때 느낀 '설렘'으로 물건을 사고 나서 후회한 적이 있지 않은가?

그 설렘의 정체는 사실 뇌에 도파민dopamine이라는 물질이 분비되어 생기는 한순간의 흥분에 불과하다. '보수계'라는 신경회로(A10신경핵)가 자극을 받아 뇌가 쾌감을 느끼는 것이다.

보수계의 작용으로 얻는 쾌감은 본래 생존에 필요한 것을 학습했을 때 '상賞'으로 주어지도록 우리 몸에 갖춰진 시스템이다. 예를 들어 어려운 문제를 풀던 도중 '알았다!' 하고 생각이 번뜩일 때 순간적으로 기분이 좋아지는데, 이때 뇌에서는 도파민이 분비된다.

하지만 그 기쁨은 오래 지속되지 않고 금방 사라진다. 그런데 오히려 그렇기 때문에 우리는 다음 문제에 도전할 수 있다. 보수계의 영향으로 얻는 쾌락은 만들어지는 동시에 사라지고, 새로운 학습을 하면 다시 생겨난다. 뇌가 보수계라고 하는 보상 시스템을 갖추고 있기 때문에 우리는 여러 가지 새로운 것들을 지속적으로 배울 수 있는 셈이다.

이처럼 본래는 학습에 대한 보상으로 생겨난 뇌 구조이지만, 학습 이외의 활동에 대해서도 보수계를 활성화시키면서 '기분 좋은 체험'을 할 수 있게 되었다. 예를 들어 쇼핑을 하는 것, 승부에서 이기는 것, 내기에서 이기는 것, 술을 마시는 것, 담배를 피우는 것 등이다. 그리고 이런 여러 행위들을 통해 얻게 되는 쾌감은 학습으로 얻을 수 있는 쾌감이 그렇듯이 생겨나는 동시에 사라진다.

한편, 처음 생긴 쾌감이 크면 클수록 쾌감이 사라졌을 때의 상실감도 크게 느껴지는 성질이 있다. 그러다 보니 보수계가 만들어 내는 쾌감을 계속 느끼려 하는 것이 바로 '의존증'이라는 병이다.

이와 관련해서는 주로 도박, 술, 담배, 약물처럼 의존성이 매우 강한 것들이 문제시된다. 하지만 상쾌한 기분이나 설렘과 같은 쾌락을 얻기 위해 쇼핑을 하는 사람도 마찬가지로 의존증 초기로 볼 수 있다.

설레는 기분으로 무심코 구매해서 후회하는 이유

마음에 드는 물건을 발견

뇌 = 흥분!

신경전달물질 '베타 엔돌핀(beta endorphine)'이 분비된다

→ 복측피개영역(ventral tegmental area)의 뮤(μ) 수용체에 작용한다

→ '가바 신경(GABA)'이 억제된다

→ A10신경군이 자극을 받는다

→ 도파민이 대량으로 분비된다

충동구매 = 일시적 만족감을 얻는다

도파민 방출이 멈추며 흥분이 사라짐 = 만족감이 소멸된다

'왜 샀을까?' 하며 후회

일시적인 충동에 휩쓸리지 않는 방법

일본의 텔레비전에서 자주 광고하는 '인터넷 옥션'과 '인터넷 플리마켓'은 쇼핑 중에서도 보수계를 가장 자극하기 쉬운 유형이다. 그 이유는 쇼핑 경험에 더하여 다른 '상'도 더해지기 때문이다.

옥션에서 다른 사람과 경쟁해 물건을 사는 행위는 게임을 하는 감각과 비슷하다. 그래서 '타인에게 이겼다', '타인보다 저렴하게 구입했다' 하는 우월감과 이득을 본 느낌을 동시에 얻을 수 있는 효과가 있다. 그 때문에 뇌에서는 도파민의 분비가 더욱 촉진된다.

또 플리마켓은 사려고 하는 것을 가능한 한 저렴하고 좋은 상태의 물건으로 손에 넣으려 한다는 점에서 '보물찾기' 놀이와 비슷하다. 이 경우에도 '괜찮은 걸 발견했다', '저렴하게 구입했다'라는 달성감과 이득을 본 기분으로 도파민이 분비된다.

도파민의 영향을 최소화하려면 기본적으로 그 대상으로부터 거리를 두어야 한다.

담배나 술을 도저히 끊지 못하는 사람은 최대한 담배와 술을 멀리하는 수밖에 없다. 이와 마찬가지로, 스트레스가 쌓이면 쇼핑을 하는 사람은 스트레스 해소를 위한 쇼핑에서 거리를 둬야만 한다.

❶ 인터넷 옥션 · 플리마켓을 가급적 이용하지 않는다.

❷ 갖고 싶은 물건을 보았을 때, '뇌의 들뜬 기분'을 인식한다.

❸ 뇌의 들뜬 기분에 사로잡힐 것 같으면 가급적 3일간, 최소 15분간 시간을 두고 기다린다. 그래도 갖고 싶으면 구입한다.

도파민과 콤플렉스가 만났을 때

지인 중에 발이 큰 여성이 있다. 260밀리미터짜리 신발을 신는다. 맞는 신발이 흔치 않아서 고민인 그녀는 자신이 신을 수 있는 신발을 발견하면 주위가 깜짝 놀랄 만큼 흥분한다. "다음에 언제 또 이런 신발을 발견할지 모르니까", "다음 달은 보너스가 나오니까"라고 말하며 값비싼 브랜드의 신발도 충동적으로 사 버린다.

그리고 며칠 후 그녀는 후회한다.

"이 신발에 어울리는 옷이 없어."

"이렇게 굽이 높아서 제대로 걸을 수 있을까?"

"너무 비싼 신발이라 신을 수가 없네."

이처럼 자신에게 특정한 콤플렉스가 있을 경우, 도파민의 마력에 넘어가 충동구매를 하더라도 '변명'을 억지로 만들기 쉽다. 나의 행동을 정당화하는 한, 도파민의 영향으로 생긴 뇌의 고양감에서 결코 도망칠 수 없다는 사실을 기억하자.

02

"나도 같은 걸로", 이 말이 낭비를 부른다

덩달아 하게 되는
지출의 폐해

주요 증상

* 회식을 하면 "일단 맥주 한 잔"이라는 말로 시작한다.
* 사람들이 줄지어 있는 모습을 보면 덩달아 줄을 서면서 예상 밖의 지출을 하곤 한다.
* 트렌드나 대세에 뒤처지고 싶지 않은 욕구가 다른 사람들보다 강하다.

우리는 자기 자신에 관한 것들은 전부 스스로 판단한다고 믿는다. 그러나 상당히 높은 비율로 무의식중에 주위 상황이나 분위기에 따라가는 행동을 선택한다.

예를 들어, 여러 사람들과 OX 퀴즈를 푼다고 해 보자. 자신

없는 문제가 나왔는데 모두 O라 답하고 당신 혼자 X를 택했다면? 그것만으로도 '앗, 틀렸다……' 하고 생각하지 않겠는가?

이처럼 '많은 사람들이 선택하니까 좋은 것'이라고 우리 뇌가 인식하는 현상을 '밴드왜건 효과Bandwagon Effect'라고 한다. 사람의 뇌는 다른 사람과 같은 행동을 선택함으로써 최소한의 수고로 최대의 효과를 누리려 한다.

마찬가지로, 퇴근길에 동료들과 술집에 들렀을 때 "일단 맥주 주세요"로 시작하거나, 친구가 고른 메뉴에 "나도 같은 걸로" 하고 말하는 이유도 주위에 맞추려는 뇌의 버릇 때문이다. 진심으로 그것을 바라기 때문이 아니라는 말이다. 그렇다. 우리는 '다른 사람의 행동에 맞추기 위해' 자주 돈을 쓴다.

가게 앞 행렬이 사라지지 않는 이유

어떠한 '붐'이 일어나기 쉬운 것도 이 때문이다. 예를 들어 텔레비전 음식 프로그램에 소개된 어느 가게 앞에 사람들이 줄을 서기 시작하면, 방송을 보지 않은 이들까지 그 행렬에 이끌려 합류하면서 줄이 점점 길어진다. 길에서 자주 보게 되는 가게 앞 행렬 역시 밴드왜건 효과의 한 예다.

대세에 따르면 결정하는 일이 편한 것이 사실이다. 하지만 그처럼 다른 사람들의 의견이나 판단을 무조건 받아들이기만 할 경우, 우리는 그것이 정말로 자신과 맞는지 아닌지, 또 정말 좋은지 아닌지 고민하려 들지 않는다. 다른 사람에게 맞추면서 느끼는 기쁨은 내가 결정을 내려 돈을 지불하고 얻을 수 있는 만족과는 다르다는 사실을 기억하자.

❶ '남들과 똑같이', '다들 이렇게 하니까' 하는 생각으로 무언가를 결정하지 않는다.

❷ 다른 사람과 의견이 다를 때는 남에게 맞추기 전에 먼저 자신의 의견을 더 구체화한다.

03

'판매 1위' 문구에 오늘도 돈 쓴다

후광 효과로
만들어지는 신뢰감

주요 증상

* '판매 1위', '여배우 ○○○ 강력 추천' 등의 광고 문구에 이끌려 물건을 구입했다가 후회하는 경향이 있다.
* 베스트셀러 도서를 구입해 끝까지 읽지 않는 경우가 많다.
* 편리하다고 해서 구입한 물건이 의외로 불편해서 활용하지 못한다.

A씨는 선물을 구입하기 위해 백화점 지하의 식품 코너에 들렀다.

A씨: 선물로 뭘 사지? 화과자로 할까…….

점원: 찾으시는 물건 있으세요?

A씨: 화과자 있나요?

점원: 화과자는 아니지만 이 롤 케이크, '맛집' 소개 방송에서 맛있는 롤 케이크 1위로 뽑힌 거예요!

A씨: 아……, 그걸로 주세요.

당신도 이런 경험이 있지 않은가? 혹은 이 정도로 극단적이지는 않아도, '1위' 등의 광고 문구 하나에 상품을 제대로 확인도 하지 않고 선택한 적은 있을 것이다.

앞의 상황에서 많은 사람들은 '방송에서 1위로 뽑혔다고 하니 받는 사람도 분명 좋아할 거야'라고 믿는다. 하지만 그러한 순위는 조사 대상이나 질문 방식에 따라 달라질 수밖에 없다. 따라서 '순위 1위 = 상대가 기뻐한다'라는 공식은 성립한다고 볼 수 없다.

이처럼 눈에 띄기 쉬운 특징에 주목해 전체적인 평가에 영향을 미치는 뇌의 버릇을 '후광 효과Halo Effect'라고 한다. 간단히 말하면, 몸가짐이 단정한 영업 사원이 머리가 부스스한 영업 사원보다 일을 잘한다고 쉽게 믿는 것이나 인재를 채용할 때 명문대 출신을 선호하는 것도 같은 예다.

'좋은 광고 = 좋은 기업'
이라는 편견

이 후광 효과를 흔히 활용하는 것이 바로 TV 광고와 잡지 광고다. 덕분에 우리는 광고 속 이미지와 광고한 기업의 이미지를 자주 혼동한다. 어느 소비자금융 회사가 귀여운 치와와가 남성을 가만히 쳐다보는 광고를 한 적이 있다. 많은 사람들의 기억에 남은 광고인데, 이는 후광 효과를 사용해 돈을 빌리는 행위에 대한 심리적 부담감을 낮춰 기업 이미지를 높인 것이다.

이 수법은 광고업계가 오래전부터 사용해 온 것으로, 3B(Beauty · Baby · Beast, 즉 미녀 · 아기 · 동물)를 이용하면 주목받기 쉽고 호감을 얻기 쉽다고 한다. 미남 미녀 배우가 커피 또는 음료 광고에 자주 출연하고, 자동차 광고에 사랑스러운 아기가 나오며 통신사 광고에 귀여운 동물이 등장하는 이유다.

좋아 보이던 물건, 집에서는 별로인 까닭

"이 옷, 탤런트 ○○ 씨가 드라마에서 입은 거예요."

판매원들이 하는 자주 하는 말, 이러한 세일즈 토크 역시 후광 효과를 이용한다. 우리의 뇌는 눈에 띄는 특징에 먼저 영향을 받다 보니 '나에게 잘 맞는지', '갖고 있는 신발과 어울릴지' 등 더 중요한 부분에 신경을 쓰지 못해 그 상품의 가치를 정확히 분석하기 어려워진다.

그래서 이런 식으로 옷을 구매했다가 나중에 입어 보고는 '어, 나한테 안 어울리잖아?', '왜 이런 걸 샀을까' 하며 후회하곤 한다.

따라서 상품 자체의 매력과는 별개로 '갖고 싶다'는 생각이 든다면 후광 효과의 영향이 아닌지 의심해 봐야 한다.

또 하나 주의해야 할 점은 '누구에게서 사는가' 하는 것이다. 특히 패션 분야라면 어떤 사람이 권했는가도 우리에게 영향력을 행사한다. 미용실에서도 마찬가지다. 세련된 미용사가 커트를 해 주면 왠지 실제보다 더 멋지게 보인다. 그리고 집에 돌아왔을 때 비로소 뇌의 암시가 풀려 버린다.

'원래 이런 스타일이었나?'

따라서 판매원에게 영향을 받고 휘둘리기보다 그 사람이 말하는 내용을 듣고 내게 필요한 것인지를 판단해야 한다.

❶ '인기 방송 · 유명인의 권유 = 가치가 높다'는 편견을 버린다.

❷ 미인 · 아기 · 동물이 등장하는 광고는 평소보다 한 걸음 물러나 객관적으로 바라본다.

❸ 돈을 지불하기 전에 '처음부터 갖고 싶었던 것인가?', '얼마나 자주 사용할 것 같은가?' 등 자신의 일상을 떠올리며 검토한다.

04

가게의 물건 배치에 속지 마라

늘 관찰 · 연구 대상인
우리의 심리

주요 증상

* 편의점에서는 거의 동일한 동선으로 매장 안을 걷는다.
* 쇼핑 중에 원래 사려던 물건이 아님에도 '이것도 사고 싶었어' 하고 사는 경우가 많다.
* 시간 때우기 용으로 백화점이나 쇼핑몰에 갈 때가 많다.
* 냉장고나 옷장 안에 무엇이 얼마나 있는지 정확히 알지 못한다.

우리는 평소 별생각 없이 마트의 식품 코너와 편의점을 자주 이용한다. 그런데 어느 마트나 편의점을 가든 진열 방식이 비슷하다는 사실을 알고 있는가? 하나라도 더 팔기 위해 상품을 진열한 결과 마트는 마트끼리, 편의점은 편의점끼리 매장의 상품 배치가 비슷해졌다.

가장 큰 특징이 계산대의 위치다. 마트와 편의점 모두 출입구 근처에 자리 잡고 있다. 쇼핑을 마친 사람이 편하게 가게 밖으로 나갈 수 있도록 배치한 의도도 있지만, 그보다는 고객이 가능한 한 많은 상품들을 보게 하려는 의도가 숨어 있다.

'이것만 사야지' 하고 결심한 경우는 예외겠지만, 심리적으로 우리는 마트에 들어가자마자 계산대 앞을 가로지르지는 않는다. 먼저 온 누군가가 물건을 계산하고 있을지 모른다는 이유 외에도, 왠지 모를 심리적인 저항이 있어서 계산대 바로 앞은 지나가지 않는 사람이 많다.

편의점을 살펴보자. 프랜차이즈에 따라 다소 차이는 있지만, 계산대를 피해서 걸으면 가장 먼저 잡지 코너가 있고, 그 안쪽에 과자와 디저트, 도시락과 샌드위치, 그리고 더 안쪽으로 음료가 배치되어 있다. 계산대로 향할 때까지 무의식중에 가게 안을 크게 한 바퀴 돌게 된다. 즉 계산대까지 가는 동안 편의점에 있는 거의 모든 상품들을 보는 것이다.

당신의 주머니를 노리는 마트의 배치 전략

마트는 먼저, 입구 근처에 과일과 채소 판매대가 있다. 인간은 색깔이 선명한 것을 보면 기분이 들뜨는 경향이 있다. 기분이 고조되면 상품에도 손이 가기 쉽다. 이렇게 해서 입구에서부터 먼저 사람들의 구매 욕구를 높인다.

또, 육류나 생선 등 마트에서 비교적 고가인 상품은 매장 안쪽에 위치하는 것이 일반적이다. 물론 육류와 생선은 에어컨이나 냉장 시설이 갖춰진 곳에 두지 않으면 상하기 쉽기 때문이기도 하다. 그러나 여기에는 인간의 심리를 노린 '덫'이 놓여 있다.

우리는 고가의 물건을 구입하면 그 후에는 지출을 억제하려는 경향이 있다. 예를 들어 고기와 몇 가지 식재료를 산다고 해 보자. 고기부터 장바구니에 담을 경우와 다른 식재료를 담은 후에 고기를 담을 경우, 구매 총액에 차이가 발생한다.

이것은 뒤에서 소개할 '앵커링 효과'와도 관련이 있다(98쪽 참고). 초반에 값비싼 물건을 사면 자신의 쇼핑 총액이 많은 것처럼 느껴져서 그 후는 가급적 절약하려는 심리가 작용하는 것이다.

한편, 편의점과 마트 모두 우리가 마지막으로 향하는 계산대 주변에는 부피가 작은 과자와 껌 등이 놓여 있다. 그래서 '내친 김에 구입'하도록 유도한다. 이처럼 사람의 동선에 주목해 상품을 진열함으로써 매장에 오는 손님들이 가능한 한 많은 상품을 볼 수 있게 한다.

또한 최근 눈에 띄는 것은 코너의 경계를 뛰어넘어 잘 팔리는 상품 근처에 그와 관련된 다른 상품들을 함께 진열하는 수법이다.

예를 들어, 정육 코너에 양념 소스와 전골 수프를 진열하고, 맥주 등의 주류 코너에 안줏거리를 진열하는 식의 다양한 시도가 이루어지고 있다. 괜히 돈 쓰는 일이 없도록 필요 없는 코너에는 가지 않는 사람도 자신이 구매하려는 상품 옆에 관련 상품이 진열되어 있으면 '이것도 필요할 수 있겠네' 하는 생각이 들게 된다. 특가품과 관련된 상품인 경우 더더욱 손이 가기 쉽다. 이런 진열 방식 등은 그런 '마음의 틈새'를 노리는 것이다.

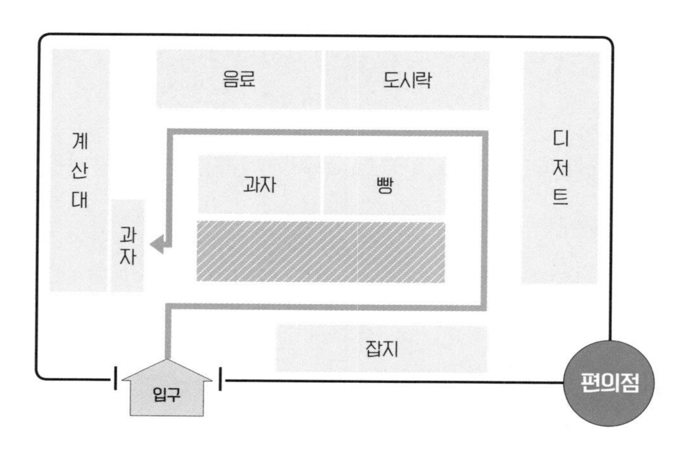

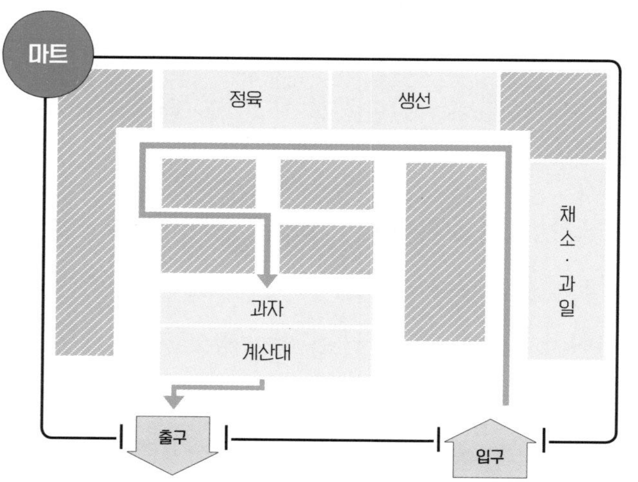

편의점과 마트의 상품 배치는 '계산'되어 있다.

무심코 이용하는 마트와 편의점만 보더라도 물건을 구입하게 하는 장치가 이렇게 많이 숨어 있다. 마트나 편의점의 상술에 넘어가 필요 없는 것을 사 버리는 상황을 막기 위해서는 쇼핑할 목록을 만들어야 한다. 목록 외의 것은 구입하지 않도록 하고, 여윳돈을 휴대하고 다니지 말아야 한다.

사야 할 물건이 있으면 바로 확인할 수 있게 메모를 해 두자. 그러면 그 외의 것을 구입할 때 심리적 저항이 생긴다. 또 수중에 있는 돈이 적으면 내친 김에 구입하는 일도 망설여진다. 이러한 '작은 저항'이 낭비를 억제하는 열쇠가 된다.

❶ 사소한 쇼핑을 할 때도 쇼핑 목록을 만들어 지참한다.

❷ 쇼핑에 필요한 만큼의 돈만 지갑에 넣는다.

❸ 여러 개의 물건을 구입할 때는 그날 구입할 것 중 가장 비싼 물건부터 살펴본다.

본능적으로 과소비를 하게 되는 '마의 시간대'

흔히 배가 고플 때 쇼핑을 해선 안 된다고 한다. 과소비를 하게 되기 때문이다. 실제로 여기에는 생리적인 이유가 있다.

공복 상태가 되면 위에서는 식욕을 촉진하는 그렐린ghrelin이라는 호르몬이 분비된다. 이때 마트나 편의점, 백화점 지하 식품 매장에 가면 충동적으로 식품을 사고 싶어진다. 그러므로 배가 고프면 사탕 한 알이라도 먹은 다음 마트에 가는 것이 낭비를 억제하는 비결이다.

수면이 부족할 때도 식욕이 높아진다. 평소 우리의 몸은 식욕을 억제하는 렙틴leptin과 식욕을 촉진하는 그렐린, 이 두 종류의 호르몬으로 식욕을 조절하는데, 수면이 부족하면 렙틴의 분비량이 적어진다. 이처럼 렙틴이 감소하면 그렐린이 증가해 식욕을 자극해서 과소비를 하게 만드는 것이다.

결국 음식과 수면이라는 두 가지 욕구를 적절히 통제하는 것이 과소비를 예방하는 핵심 요소라 할 수 있다.

05

절약은 생각뿐, 돈이 모이지 않는 이유

미래 대비를 막는
정상성 바이어스

주요 증상

* 지갑에 돈이 많으면 지출도 늘어서 돈을 모으지 못한다.
* 막차를 놓치거나 아침에 늦잠을 자서 택시를 이용한 적이 있다.
* 월급날을 앞두고 '이번 달에 돈을 왜 이렇게 많이 썼지?' 하고 의아해한다.
* 적금 통장 잔액이 한 달 수입보다 적다.

돈을 모으려면 가계부를 쓰라는 말을 자주 듣는다. 그러나 매일매일 소소한 지출을 일일이 기록하는 일은 귀찮기도 하고 실제로 번거롭다. 그러다 보니 '가계부가 얼마나 효과가 있겠어?'라고 생각하는 이들이 많을 것이다.

가계부를 적는 습관을 통해 과소비를 방지할 수 있는 사람이 있는 반면, 효과를 얻지 못하는 사람도 많다. 번거로움을 참아 가며 가계부를 열심히 적는데도 왜 낭비를 막는 데에 도움이 되지 않는 걸까? 여기에도 인지 편향이 작용한다.

가계부와 건강검진은 도움이 되지 않는다?

의사: 건강검진에서 이상이 있었던 적은 없나요?

환자: 없는데요.

의사: 고혈압이 있다고 나온 적 없습니까?

환자: 그러고 보니 혈압은 높다고 했어요.

의사: 그 후에 다른 곳에서 진료를 받으셨나요?

환자: 특별한 증상이 없어서 그냥 넘어갔어요.

진찰실에서 흔히 들을 수 있는 대화다.

많은 사람들이 건강검진에서 '질병의 징후'를 발견했어도

'증상이 없으니까 괜찮겠지' 하는 생각에 방치한다. 의사인 나로서는 안타까운 일이다.

고혈압을 방치하면 뇌와 심장 질병으로 이어지기 쉽다. 그런데도 많은 이들은 이렇게 생각한다.

'혈압이 높긴 해도 나는 병에 안 걸릴 거야', '괜찮아. 어떻게든 문제가 해결될 거야'라고 여기는 심리 작용을 '정상성 바이어스Normalacy Bias'라고 한다.

뇌는 절약을 싫어한다

예를 들어, 화재경보기가 울렸다고 생각해 보자. 자신이 있는 건물에서 화재경보기가 울렸을 때 얼마나 많은 사람들이 즉시 "불이다! 피하자!" 하고 반응할까?

대개의 사람들은, '곧 멈추겠지'라고 생각하고 넘어간다. 경고에 일일이 반응하면 정신적으로 피곤해지기 때문에 뇌는 무의식중에 그 경고를 가볍게 넘겨 버리는 것이다.

가계부를 쓰는 경우에도 뇌는 정상성 바이어스를 작동시킨다. 수입과 지출을 기록하면서 '이대로 지출하면 이달은 적자다'라는 사실을 알게 되더라도, 별다른 조치를 취하지 않는다. 그렇다면 가계부를 쓰는 행위는 소비 통제 효과가 없고, 결국 절약으로 이어질 수도 없다.

따라서 가계부 작성을 통해 지출을 줄이고 싶다면, 막연히 기록만 할 것이 아니라 예산을 구체적으로 정하자. 혹은 사전에 목표를 세워 그 금액을 따로 빼 두는 것이다.

만약 그래도 사고 싶다면, 정상성 바이어스가 작용했다는 사실을 알아 두자. 이를 인식하기만 해도 습관을 고칠 수 있다.

처방전

❶ 가계부를 작성하기 전에 구체적인 목표와 예산을 정한다.

❷ 수입 없이 한 달 동안 먹고살 수 있는 돈을 저축해 놓지 않았을 경우, 정상성 바이어스가 작용했다는 것을 알아 두자.

❸ '갑작스러운 지출'이 생길 때 얼마가 필요한지 알아 둔다.

06

뇌는 낭비를 반성하지 않는다

소비 실패를 성공으로 바꾸는
사후확신 편향

주요 증상

* 갖고 싶은 물건이 할인 판매 중일 경우 그 자리에서 산다.
* 비닐우산이나 휴대전화 충전기를 세 개 이상 갖고 있다.
* 새로운 시도 또는 이미지 변신을 위해 샀는데, 결국 보이지 않는 곳에 방치 해 둔 물건이 있다.

"어떻게 이런 초보적인 것도 대응을 못 한 거야? 딱 봐도 알 수 있는 일이잖아!"

직장 생활을 해 본 사람이라면 상사에게서 한 번쯤 이런 호통을 들어 봤을지도 모른다. 예상 밖의 어떤 문제가 발생했을 때 상사에게 호되게 혼이 나는데, 반성을 하면서도 한편으로는 이런 생각을 하게 된다.

'어쩐지. 안 좋은 예감이 들었어.'

자신이 경험하지 않았다면 적어도 주위에서 이런 태도를 보이는 사람을 본 적이 있을 것이다. 이때 화를 내는 상사와 야단맞는 부하 직원 모두에게 똑같은 인지 편향이 작용한다. 무슨 일이 일어났을 때 그것을 예측 가능하다고 생각하는 뇌의 버릇인 '사후확신 편향Hindsight Bias'은 한마디로 '뒷북 편향'이다.

우리 뇌는 '하던 대로 하는 것'을 매우 좋아한다. 그런 만큼 예측할 수 없는 것, 즉 미지의 일을 싫어한다. 예를 들어 가전제품 매장에서 "마지막 처분! 전 상품 50퍼센트 할인!"이라는 문구에 이끌려 디지털카메라를 샀는데, 그것이 일주일도 되지 않아 고장 나면 '역시, 싸게 파는 데는 이유가 있었어' 하고 예상했다는 듯이 반응한다.

공원에서 놀던 아이가 엄마 앞에서 넘어졌을 때 "엄마가 그렇게 뛰면 안 된다고 말했지?!" 하고 아이를 야단치는 일도 비슷한 경우다. 축구 경기에서 결승점을 올린 선수에게 해설자가 "저 선수가 골을 넣을 거라고 예상했지요"라고 말하는 것도 흔히 볼 수 있다.

이처럼 어떤 일이 일어난 후 '사실은 그러리라고 예측했다'라고 생각함으로써 우리의 뇌는 미지의 일에서 받는 스트레스를 줄이려고 한다.

뇌는 무의식중에 기억을 고친다

이 작용은 뇌에 매우 중요한데, 자신이 옳다고 믿는 원인이 된다. 어떠한 일이 발생한 후에 '그래, 나도 그렇게 생각했어'라고 자신의 기억을 고치기 때문이다. 이것을 반복하면 시간이 지나도 진정한 의미의 반성을 할 수 없고, 낭비도 좀처럼 줄일 수 없다.

따라서 물건을 사기 전부터 내가 정말 그렇게 생각했는지를 확인할 필요가 있다. 앞의 예로 말하면, 카메라가 고장 나도 괜찮으니 정말로 50퍼센트 할인가에 구입하고 싶은지, 아니면 할인 상품은 아니어도 수리를 확실히 해 주는 카메라를 사는 쪽이 자신에게 더 만족스러울지 생각해 보는 것이다(구체적인 방법은 4장에서 설명하겠다).

만일 '쉽게 고장 나더라도 50퍼센트 할인 가격에 사는 것'이 본래의 목적에 맞는다면, 구입 직후 카메라가 망가져도 그것은 낭비가 아니다. 하지만 단순히 '50퍼센트 할인'이라는 문구에 이끌려 구입했다면, 낭비라고 솔직히 인정해야 한다. 실패를 자각하지 않으면 사람은 발전할 수 없다.

종종 우리는 할인에 이끌려 물건을 구입하곤 한다. 그러나 할인 행사를 할 때는 반드시 어떤 이유가 있다.

'왜 이 상품을 50퍼센트나 할인하는 걸까?'

이렇게 생각해 보기만 해도 충동구매를 막을 수 있다.

처방전

❶ 물건의 가격을 할인하는 데는 반드시 이유가 있다는 사실을 명심하자.

❷ 구입했지만 결국 제대로 사용하지 못한 물건이 있다면 '소비에 실패한 경험'이라는 자각을 갖고 다음에 활용한다.

벌이에 비하면 '낭비'지만
사고 싶은 마음에 비하면 '절약'

07

물건으로 자신을 어필하지 마라

지출을 부추기는
자기현시욕

주요 증상

* 신상품, 최신 기종 등 '새것'이 좋다.
* 한 달에 2회 이상 미용실이나 네일 숍, 피부 관리실에 간다.
* 브랜드 로고가 커다랗게 박힌 옷이나 신발을 좋아한다.

'직장 동료와 다가오는 연말연시를 어떻게 보낼지 수다를 떨다가, 다들 여행 간다는 얘기를 들으니 나도 어디론가 떠나고 싶어졌다.'

'친한 친구가 인기 브랜드의 신상품을 갖고 있었다. 좋아 보여서 나는 그보다 더 최신 제품, 좀 더 비싼 제품을 구입했다.'

당신에게도 이런 경험이 있지 않은가? '이렇게 하고 싶다', '이게 갖고 싶다' 하는 나의 기분이 먼저가 아니라 다른 사람의 행동에 영향을 받아서 원하게 된다면 '자기현시욕自己顯示欲' 때문일 가능성이 크다.

자기현시욕이 강한 사람은 '남들에게 나는 이런 식으로 보이고 싶다', '이런 인상을 주고 싶다' 하는 욕망이 있다. 어떠하게 보이고 싶은 자기 자신을 만드는 것을 너무 우선시한 나머지, 사실 별로 갖고 싶지 않은 물건도 '갖고 싶다'고 뇌가 착각하고 만다.

또 이 같은 사람은 다른 이들보다는 자신의 상황을 중요하게 여기기 때문에 다른 사람들에게 '뻔뻔한 사람' 또는 '상식 밖의 사람'이라는 인상을 줄 수도 있다. 정도가 심하면 주위에 피해를 주는 행위로 주목을 받는 것조차 '자신을 어필하는 수단'이라고 인식하게 된다.

이처럼 자기현시욕이 강하면 쓸데없이 돈을 쓸 위험이 높아질 뿐 아니라, 상식 밖의 행동을 하기도 쉽다.

다른 사람과 비교하느라 지출하게 된다

또한 SNS를 사용하는 사람이 늘면서 자기현시욕을 어필할 수 있는 공간도 늘어났다. 무엇을 먹었는지, 어디에 갔는지에 대해서만 글과 사진을 올리는 사람, 당신 주변에도 있지 않은가? 별것 아닌 듯해도 이 역시 가벼운 자기현시욕의 표현이다.

누구나 마음 깊은 곳에 많든 적든 갖고 있는, '주위에 인정받고 싶다', '대단하게 보이고 싶다', '칭찬받고 싶다', '특별하게 보이고 싶다' 하는 욕구. 그것이 SNS를 통해 아주 간단히 사람들에게 드러나게 된 것이다.

또한 자신만의 개성을 갖고 살아가는 다른 사람의 모습을 SNS를 통해 자주 보면서 부러워 하거나 남과 자신을 비교하며 우울해하기 쉽다. 자세한 내용은 뒤에서 설명하겠지만 (90쪽 참고), 우리 뇌는 무언가의 가치를 판단할 때 '다른 것과 비교해서 그것이 어떤지'를 저울질한다. 다른 사람과 비교해 봤자 아무런 의미가 없는 일들도 '저 사람과 비교해 나는 어떤가' 하는 생각으로 매일의 만족도를 판단한다. 만일 당신이 그런 가치판단을 기준으로 뭔가를 구입했다면, 그것 역시 낭비인 셈이다.

돈으로 해결할 수 없는 마음의 불안

자기현시욕이 강한 것은 자신감이 없다는 증거다. 자기 자신을 긍정할 수 있다면 굳이 주위에 과시하거나 자신을 어필할 필요가 없다. 다른 사람이 아무리 훌륭하더라도 나의 가치는 변하지 않으며, 있는 그대로 평가를 얻을 수 있기 때문이다.

어떤 사람들은 자신감이 없기 때문에 가만히 있으면 아무도 자신을 주목해 주지 않는다고 생각한다. 즉 인정받지 못한다고 느낀다. 그래서 자신에게 새로운 가치를 더하려 필사적으로 화려한 옷 등으로 장식하고, 남보다 빨리 신제품을 가지려고 애를 써서 낭비를 하게 되는 것이다.

그러나 돈을 써서 자기현시욕을 충족시키는 데는 한계가 있다. 아무리 돈을 들여서 자신을 대단하게 보이도록 만들어도, 다음 순간 그 영광은 과거의 것이 된다. 그러면 그다음의 영광을 얻기 위해 보다 많은 돈과 시간을 들여야 한다.

따라서 있는 그대로의 자신을 인정해야 한다. 무엇보다 무리해서 '대단한 사람' 흉내를 낼 필요는 전혀 없다는 사실을 기억하자.

❶ 다른 사람에게 자신을 과시하기 위한 목적으로 SNS를 이용하지 않는다.

❷ 물건을 사거나 서비스를 받을 때 내가 아닌 다른 누군가가 떠오른다면, 그 사람에 대한 자기현시욕이 작용할 가능성이 있음을 자각한다.

08

충동적인 과소비의 원인은 인간관계

'낭비 전염'에서
자신을 지키는 법

주요 증상

* 낭비가 심한 친구가 많다.
* 식사나 모임 등에 초대받으면 거절하기 어려워 지출이 늘어난다.
* 평소 인간관계를 잘 맺는다는 말을 듣는다.
* 사람들 앞에서 절약하는 일을 '볼품없다'고 생각한다.

낭비도 전염된다는 사실을 알고 있는가? 당신의 돈 사용법은 당신이 평소 어떤 사람을 만나고, 어떤 모임에 속해 있는가와 밀접한 관계가 있다. 부자는 부자끼리, 그렇지 않은 사람은 그렇지 않은 사람끼리 모인다는 의미가 아니다. 유행성 감기처럼 바이러스에 의해 감염된다는 뜻도 아니다. 우리의 생활 습관은 유대 관계가 강한 사람의 영향을 받기 쉽다는 말이다.

예를 들어, 여행을 갔을 때 선물을 많이 구입하는 일행이 있으면 덩달아 선물을 사게 된다. 혼자 여행할 때와 그룹으로 여행할 때 우리가 사는 선물의 양은 다르다. 그룹 여행에서 더 많이 구입하는 경향이 있다. 자신이 그다지 좋아하지 않는 것이라 해도 누군가가 많이 구입할 경우 갖고 싶어지기 때문이다.

'근묵자흑近墨者黑', 먹을 가까이하면 검어지듯이 나쁜 사람을 가까이하면 물들기 쉽다라는 말처럼, 실제로 예일대학교 니콜라스 크리스타키스Nicholas Christakis 교수는 습관은 주위 사람의 영향을 받아 연쇄적으로 형성된다는 사실을 증명하기도 했다.

낭비를 부르는 주변 사람들

크리스타키스 교수는 비만인 사람의 사회적 교류에 대해

연구했다. 그에 따르면 주위에 비만인 사람(체질량지수, 즉 BMI가 30을 넘는 사람. 이때 BMI는 '체중(kg)÷신장(m)의 제곱'으로 산출한다)이 있을 경우 본인의 비만율도 높아진다.

예를 들어, 배우자가 비만인 사람은 그렇지 않은 사람에 비해 비만이 37퍼센트나 많았고, 형제자매가 비만이면 40퍼센트, 친구가 비만이면 57퍼센트나 비만 확률이 높아진다고 한다. 결국 많이 먹는 사람 가까이 있으면 자신도 먹는 양이 늘어난다는 것이다.

이 결과를 돈 쓰는 습관에 적용해 이야기하면 어떨까? 돈을 많이 쓰는 사람 가까이에 있으면 자신도 돈을 많이 쓰기 쉬워진다고 예상할 수 있다.

'앗, 얘는 디저트도 주문하네! 나도 먹을까?'

'○○의 새 차, 정말 멋지다. 나도 바꿔야지.'

이런 식으로 주위 사람의 영향을 받아서 자신의 지갑 사정은 고려하지 않고 낭비해 버리는 경향이 있다.

비만과 낭비뿐만 아니라 흡연 습관과 음주, 행복까지 사회적 네트워크의 영향을 받는다. 자기계발서를 보면 '부자가 되려면 자신보다 수입이 많은 사람 옆에 있어라', '긍정적 사고를 하는 사람과 같이 행동하라' 등의 이야기를 하는데, 이것도 사회적 관계가 나의 행동에 영향을 주기 때문이다. 즉 어떻게든 저축을 하고 싶다면 낭비벽이 있는 사람과의 교제를 줄일 필요가 있다.

주위에 낭비가 심한 사람이 있으면 덩달아 낭비하기 쉽다는 이 말에, 당신은 자신의 낭비 습관을 남 탓으로 돌리며 합리화할지도 모른다. 하지만 그렇다고 해서 자신의 잘못된 생활 습관을 문제 삼지 않아도 되는 건 아니다. 물론 예를 들어 낭비가 심한 부모 밑에서 성장한 자녀는 부모와 비슷한 습관을 갖게 되는 경우도 있다. 하지만 '부모는 저런데 어떻게 이렇게나 다르지?' 싶을 만큼 뚜렷한 경제관념을 갖고 자란 자녀도 존재한다.

결국 어떻게 돈을 쓰는가는 스스로 결정할 수 있는 일이다. 또한 생활 습관이 주위 사람에게서 옮는다는 것은, 바꿔 말하면 당신이 낭비 습관을 고칠 경우 주위 사람에게도 영향을 준다는 뜻이기도 하다.

스포츠 세계에서도 마찬가지다. 팀 내에 성적이 좋은 선수가 있으면 이는 다른 선수들에게 좋은 영향을 준다.

그러한 선순환을 나 자신부터 만들어 보는 것이 어떨까? 주위 사람들에게 좋은 영향을 미치는 사람이 될 수 있을 것이다.

❶ 지출을 줄이고 싶을 때는 낭비벽이 있는 사람보다는 가급적 절약하는 사람, 근검 절약의 달인을 만난다.

❷ 친한 사람에게는 “낭비 습관을 없애는 중”이라고 선언함으로써 시너지 효과를 노린다.

MAKE
MONEY

2장

나의 지갑을 노리는 위험한 수법

부자 수업

싸게 잘 샀다고 생각했는데 사실은 손해였다

: 지갑을 열게 만드는 판매자들의 수법

우리 뇌가 '돈의 사용처'를 잘못 인식하는 이유 중 하나는 '이렇게 싸게 살 수 있는 기회는 거의 없다', '지금이 사야 할 때'라고 생각하게 만드는 판매자의 연출 때문이다.
그러한 여러 가지 테크닉 중에서도 특히 이번 장에서는 물건을 사고 이득이라 느꼈다가 후회한 소비 경험, 다시 말해 '이성적으로 생각해 보면 그다지 저렴한 것도 아닌데 왠지 이득이라는 기분이 들어서 사게 되는 것'을 다룬다. 이같이 우리에게 '사야겠어'라는 생각이 들게 만드는 판매자의 연출법과 그 덫에 걸리지 않기 위한 방법을 알아보자.

01

이득과 손실, 뇌가 느끼는 방법은 별개

전망이론과
손실회피성

주요 증상

* 세일 때 혹은 아웃렛에서 구입했다가 사용하지 않는 물건 혹은 입지 않는 옷이 많다.
* 여러 곳의 쇼핑 사이트와 숍에서 메일이나 소식지를 받는다.
* '세트 할인', '패키지 구매' 등을 이용하는데 사실은 얼마나 할인하는지, 패키지가 어떻게 구성되어 있는지 잘 모른다.

우리는 확률이나 논리적 인과관계에 따라 결정을 내리기보다 상황에 따라 판단할 때가 많다.

여기서 질문을 해 보자. 다음의 게임 A와 게임 B 가운데 어느 한 게임에만 참가할 수 있다면 어느 쪽을 선택하겠는가?

게임 A: 참가하면 무조건 1천만 원을 받는다.

게임 B: 동전을 던져서 앞면이 나오면 2천만 원을 받고, 뒷면이 나오면 돈을 전혀 받지 못한다.

이번에는 당신에게 1천만 원의 빚이 있는 상태라고 가정해 보자. 다음의 두 게임 중 하나에만 참가할 수 있다면 당신은 어느 쪽을 선택하겠는가?

게임 A: 참가하면 무조건 1천만 원을 받는다.

게임 B: 동전을 던져서 앞면이 나오면 빚이 전액 면제되고, 뒷면이 나오면 2천만 원을 받는다.

당신은 각각 어느 쪽을 선택했는가?

이것은 유명한 행동경제학 실험에서 했던 설문이기도 하다. 바로 2002년 노벨 경제학상을 수상한 대니얼 카너먼Daniel Kahneman과 에이모스 트버스키Amos Tversky가 주장한, "사람은 손실을 이득보다 강하게 느낀다"는 '전망이론Prospect Theory'이다.

확률론적으로 보면 이 두 질문은 각각 게임 A와 B 어느 쪽을 선택해도 기대치(손에 넣는 돈의 예상액)는 동일하다. 따라서 어느 쪽을 선택하면 이득이고 어느 쪽을 선택하면 손실인 경우가 아니다.

그럼 어느 쪽을 택하느냐는 사람들의 성격에 따라 다를까? 즉 성실한 사람은 두 질문 모두 A를 선택하고, 호쾌한 사람은 B를 선택할까?

그렇지 않다. 카너먼과 트버스키에 의하면 성격에 관계없이 많은 사람들이 첫 번째 질문에는 A를, 두 번째 질문에는 B를 택했다고 한다.

즉 무언가를 '받을 때'는 그 양이 적더라도 확실하게 받을 수 있는 쪽을 선택하고, '갚을 때'는 운이 좋다면 갚지 않을 수 있는 쪽을 선택하는 것이다.

이 실험을 통해서 알 수 있듯이, 놀랍게도 손실과 이득에 관해서는 각자의 성격이나 논리에 따른 사고방식이 아닌 상황이 우리의 판단을 좌우한다.

이득을 보고 싶다 vs 손실은 보고 싶지 않다, 더 강한 것은?

이론적으로는 어느 쪽을 선택해도 이득이 다르지 않은데, 왜 상황에 따라 선택하는 경향이 달라지는 것일까? 이는 우리 뇌가 이득보다 손실을 크게 느끼기 때문이다. 그렇다, 우리 뇌는 손해 보고 싶어 하지 않는 경향이 강하다. 이것을 '손실회피성Loss Aversion'이라고 한다.

이 심리는 원래는 '손실'이라 할 수 없는 사소한 상황에도 작용한다. 예를 들어, 몇 곳의 쇼핑 사이트나 숍에서 메일 등으로 관련 정보를 받아 보는 사람들이 많다.

그런데 이 정보를 매번 꼼꼼히 확인하고 활용할까? 대부분은 제대로 확인하지도 않고 삭제하거나 방치해 불필요한 정보 메일로 메일함만 가득 채울 것이다. 그러나 실제 구매에 활용하게 되는 경우는 거의 없다.

그런데도 계속 정보를 받는 이유는 우리가 손실회피성 편향의 노예가 되어 있기 때문이다. 간혹 볼 때도 있다는 핑계를 대며, 해지하면서 생기는 손해를 피하고 싶어한다.

세일 소식, 수신하는 손실 vs 수신하지 않는 손실

매장에서 보낸 소식지를 보면 가끔 회원 한정 세일을 안내한다. '선착순 ○명에게 선물 증정'이라며 '덤'을 내세운 경우도 많이 눈에 띈다.

하지만 회원 한정 세일이나 덤은 당신의 뇌에 '갖고 싶다', '사야 한다'라는 착각을 주어 낭비하게 만드는 덫이다. 정말 갖고 싶으면 할인하지 않아도 사야 한다. 덤으로 주는 상품 역시 돈을 지불하고 사면 된다.

그런데도 '회원 한정 정보를 놓치는 손실', '덤을 받지 못하는 손실'을 피하고 싶은 마음에 많은 사람들은 귀찮아하면서도 매일같이 이런 정보를 받고 있다. 결과적으로 낭비를 하기 위해 시간과 에너지를 쓰고 있다면, 그것이야말로 큰 손실이 아닐까?

한편, 평소 거의 쓰지 않는 포인트 카드가 지갑에 쌓여 있는 사람도 많다. 포인트 카드의 효과는 뒤에서 설명하겠지만

절약 요요 현상

밥값 아끼겠다고 술값으로 쓸 때
커트 값 아끼겠다고 파마할 때

(115쪽 참고), 이런 카드를 여러 장 갖고 있는 사람 역시 '포인트를 적립하지 못하는 손실', 또 '포인트의 유효기간이 지나서 못 쓰게 되는 손실'을 피하기 위해 사실은 갖고 싶지 않은 것도 구입하려 할 가능성이 있다.

작은 손실을 피하기 위해 어느새 낭비를 하게 되고 결국 커다란 손실을 입고 마는 사람들이 많다. 이런 현실을 우리는 자각해야 한다.

처방전

❶ 쇼핑 사이트나 숍에서 보내는 메일과 소식지는 전부 구독을 해지한다.

❷ 포인트 카드는 엄선하고, 특히 유효기간이 있는 카드는 만들지 않는다.

❸ 덤 상품 자체에 '돈을 지불할 가치'가 있는지 생각한다.

02

우리를 속이는 가격 표시법

이득처럼 보이게 만드는
할인 표시

주요 증상

* '할인'이라는 표시만 볼 뿐 실제로 얼마나 저렴해지는지 계산하지 않고 구입하는 경우가 많다.
* '95퍼센트 이용자가 효과 실감!', '재구매율 90퍼센트' 등의 문구를 보면 그 물건을 사고 싶어진다.

우리 뇌는 절대적인 가치를 판단하는 데 서툴다. 예를 들어 눈앞에 'A지역 호화 여객선 크루즈 여행, 9박 10일 150만 원'이라는 문구가 실린 팸플릿이 있다고 해 보자. 이 가격이 비싼지 저렴한지, 여행을 갈 가치가 있는지 아닌지 우리 뇌는 제대로 판단하지 못한다.

그런데 그 옆에 'A지역 호화 여객선 크루즈 여행, 4박 5일 150만 원'이라고 실린 팸플릿이 있다면 어떨까? 혹은 '일반 크루즈 여행, 9박 10일 150만 원'이라는 문구라면?

다른 것과 비교함으로써 우리는 비로소 이득이라는 가치판단을 할 수 있다. 따라서 판매자들은 사람의 뇌가 '비교를 통해 가치를 판단'한다는 성질을 활용해 상품을 사고 싶게 만든다.

뇌는 7천 원의 가치도 제대로 판단하지 못한다

예를 들어 만년필을 구입하려 한다고 해 보자. 당신은 어느 가게에서 구입하는 것을 '이득'이라 느껴 만년필을 구입할까? 두 가게 모두 제품은 동일하다.

- 눈앞에 있는 가게, 판매 가격은 2만 5천 원
- 도보로 15분 떨어진 가게, 판매 가격은 1만 8천 원

이번에는 정장을 구입하려는 상황이라고 해 보자. 당신은 어디서 구매하겠는가? 역시 두 가게 모두 제품은 동일하다.

- 눈앞에 있는 가게, 판매 가격은 100만 원
- 도보로 15분 떨어진 가게, 판매 가격은 99만 3천 원

이 실험 결과에 의하면, 첫 번째 질문의 경우 많은 사람들이 '도보로 15분 떨어진 곳까지 가서 사겠다'라고 대답한 데 비해 두 번째 질문의 경우 '눈앞의 가게에서 사겠다'고 대답한 사람이 많았다고 한다. 아마 나도 같은 상황이라면 만년필은 15분 떨어진 곳에서, 정장은 눈앞의 가게에서 살 것이다.

그러나 잘 생각해 보면 두 상황 모두, 어느 가게에서 구입하든 가격 차이는 7천 원으로 동일하다. 그런데도 만년필을 7천 원 싸게 사는 것이 더 큰 이득으로 느껴진다.

이 결과를 통해 우리는 저렴한 가격일수록 절대적인 할인 금액이 적어도 '이득'이라고 느끼기 쉽다는 사실을 알 수 있다. 그리고 이러한 이득감은 원래의 금액과 비교했을 때의 비율, 즉 '할인율'로 느낄 수 있다.

말하자면, 앞의 첫 번째 상황에서는 도보로 15분 떨어진 곳에서 28퍼센트 할인가로 만년필을 구입할 수 있는 데 비해 두 번째 상황에서는 15분을 걸어가도 0.7퍼센트밖에 할인하지 않으므로 이득이라고 느끼지 않는 것이다.

이처럼 우리는 그다지 갖고 싶지 않은 물건도 할인율이 크면 그만큼 '이득'으로 느낀다. 그러면서 '전부터 갖고 싶었어', '꼭 사야지'라는 생각으로 이어지며 소비를 합리화하기 쉽다는 사실을 꼭 기억하자.

❶ '○퍼센트 할인', '○퍼센트 OFF' 등은 '○원 할인'으로 바꿔서 구체적으로 계산해 본다.

❷ 실제 할인률이 높아도 정말 필요한 물건이 아니라면 구매하지 않는다.

03

선택지가 세 가지인 이유

구매를 부추기는
미끼 선택지

주요 증상

* 가게에서 '뭘로 할까' 오랫동안 고민한 끝에 구입한 물건일수록 집에 돌아와 후회한다.
* 세 가지 선택지가 있으면 왠지 중간 것을 선택하는 경향이 있다.
* 어느 쪽을 살까 망설이다가 둘 다 사 버리는 경우가 있다.

앞에서는 비교 방식을 통해 '손해 보지 않고 샀다'고 착각하게 만드는 예를 소개했다. 여기서는 그와 관련해 '비교를 함으로써 판단이 바뀌는' 예를 살펴보자.

미국 듀크대학교의 댄 애리얼리Dan Ariely 교수는 영국 경제

주간지 〈이코노미스트〉의 온라인 구독 신청 페이지를 대상으로 실험을 실시했다.

첫 번째 실험으로, 정기 구독을 희망하는 사람들에게 다음 중 하나를 선택해 신청하도록 했다.

- 온라인판 정기 구독: 59달러(1년)
- 오프라인판 정기 구독: 125달러(1년)
- 온라인 및 오프라인판 정기 구독: 125달러(1년)

두 번째 실험에서는 선택지를 두 가지로 좁혀서 다음과 같이 제시했다.

- 온라인판 정기 구독: 59달러(1년)
- 온라인 및 오프라인판 정기 구독: 125달러(1년)

첫 번째와 두 번째 실험에서 각각 구독 신청 비율은 어떠했을까? 그 결과는 다음과 같았다.

실험 1

온라인판 정기 구독: 59달러(1년) … 16퍼센트

오프라인판 정기 구독: 125달러(1년) … 0퍼센트

온라인 및 오프라인판 정기 구독: 125달러(1년) … 84퍼센트

▶ 잡지사 매출(구독자 100명당): 1만 1,444달러

실험 2

온라인판 정기 구독: 59달러(1년) … 68퍼센트

온라인 및 오프라인판 정기 구독: 125달러(1년) … 32퍼센트

▶ 잡지사 매출(구독자 100명당): 8,012달러

실험 1에서 '오프라인판 정기 구독'을 선택한 사람은 한 명도 없었다. 그런데 그 선택지를 제거하자 실험 2에서는 '온라인 및 오프라인판 정기 구독'을 선택하는 사람이 격감해 매출이 30퍼센트나 떨어지는 결과로 이어졌다. 대체 그 이유는 무엇일까?

여기에는 '비교를 통해 가치를 판단'하는 뇌의 성질이 관련 있다. '오프라인판이 내게 필요한가?'라고 생각하기 전에 '오

돈만 있으면 다 살 텐데

알고 보면 거기서 거기

'결정 장애',
이건 타고난 재능이 아닐까?

프라인과 온라인판 패키지가 125달러라니 이득이네'라는 판단을 내려 버리는 것이다.

이처럼 선택지를 세 가지로 둠으로써 매출을 높이는 구조는 다양한 곳에서 이용된다. 예를 들어, 추천 '코스 요리'가 있는 레스토랑을 생각해 보자. 주로 세 가지로 나뉘어 있는 곳이 많을 것이다. 자동차 또한 등급으로 나뉘어 있다. 이런 경우 무의식중에 '가운데 것'을 선택하고 싶어지지 않던가?

이처럼 셋 이상의 선택지에서 한 가지를 선택할 경우에는, 전체를 한 번에 비교하는 것이 아니라 일대일로 비교하면 우리의 뇌가 올바른 판단을 할 수 있다.

앞의 〈이코노미스트〉 예로 돌아가 이를 적용해 보자. 선택지를 한꺼번에 확인하지 말고 일대일로 대응해 가며 비교하는 것이다. '온라인판'과 '오프라인판' 중 어느 쪽이 나을지, 구독할 때 내가 자주 이용할 수 있는 판이 무엇인지 확인하는 것이다. 만일 온라인판이 자신에게 더 맞을 것 같다면 그다음에는 '온라인판'과 '온라인 및 오프라인판'을 비교하는 것이다. 그렇게 비교한다면 '오프라인판은 내게 필요 없으니 온라인판

선택지가 늘면 지출이 늘어난다?

실험 ❶ 선택지가 세 가지인 경우

- 온라인판 정기 구독: 59달러(1년)
- 오프라인판 정기 구독: 125달러(1년)
- 온라인 및 오프라인판 정기 구독: 125달러(1년)

택일

16퍼센트 온라인판 정기 구독 : 59달러(1년)

84퍼센트 온라인 및 오프라인판 정기 구독 : 125달러(1년)

0퍼센트 오프라인판 정기 구독: 125달러(1년)

실험 ❷ 선택지가 두 가지인 경우

- 온라인판 정기 구독: 59달러(1년)
- 온라인 및 오프라인판 정기 구독: 125달러(1년)

택일

68퍼센트 온라인판 정기 구독 : 59달러(1년)

32퍼센트 온라인 및 오프라인판 정기 구독 : 125달러(1년)

하나만 구독하면 되겠다'라는 식으로 적합한 판단을 내리게 된다.

또 무언가가 '순위'로 나뉘어 있을 경우 가장 아래의 것을 선택했을 때 우리는 합리적으로 타협한 느낌이나 소비 욕구를 자제한 기분을 느끼곤 하는데, 이 역시 함정이다. 정말 그것이 좋다고 생각해서 선택했다면 마음의 동요는 전혀 중요하지 않다.

처방전

❶ 세 가지 이상의 선택지에서 하나를 고를 때는 '일대일'로 대응해 가며 차례로 비교한다.

❷ 자신이 선택한 결과에 대해 다시 한 번 생각해 판단을 내린다.

04

가격을 저렴하다고 느끼게 만드는 방법

숫자 감각에 혼란을 주는
앵커링 효과

주요 증상

* 정규 가격표에 정정된 가격표가 붙은 물건을 사는 경향이 있다.
* 할인에 끌려 무작정 구입했는데 구형 제품이었던 경우가 있다.
* 사치를 하는 것도 아닌데 생활비가 자꾸만 더 든다.

다음의 두 계산식을 보고, 어느 쪽의 답이 클지 순간적으로 판단해 보자.

- $9\times8\times7\times6\times5\times4\times3\times2\times1=?$
- $1\times2\times3\times4\times5\times6\times7\times8\times9=?$

사실 두 경우 모두 같은 숫자들을 서로 곱한 것이라서 답은 똑같다. 그런데 왠지 첫 번째 계산식, 즉 '9×8×7×6×5×4×3×2×1'의 답이 더 클 것 같다고 생각하게 되지 않는가?

실제 실험 통계를 봐도 전자의 답이 더 크다고 판단하는 사람이 많다. 처음에 눈에 들어오는 숫자의 크기에 끌려서 우리의 뇌가 '결과값도 커진다'고 판단하는 성질이 있기 때문이다. 그리고 여기에 앞서 소개한 상대평가를 하는 뇌의 성질이 더해지면 매장에서 자주 보게 되는 가격표의 트릭을 알 수 있다. 기존의 정가 표시를 일부러 그대로 보이게 해 두고 세일 가격을 붙이는 '그 가격표' 말이다.

무언가를 구입하자고 판단할 때, 우리는 반드시 어떤 기준을 갖고 상대적으로 검토한다. 뇌가 물건의 절대적인 가치를 계산할 수 없는 이상 이 과정은 필수다. 그리고 이때 기준으로 참고하기 쉬운 것이 바로 '직전의 숫자'다.

판매가를 변경한 가격표가 붙어 있으면 그 직전은 얼마였는가에 따라 구매 의욕이 크게 영향을 받는다. 이와 같은 인지 편향을 '앵커링 효과Anchoring Effect'라고 한다.

예를 들어 가전제품 매장에서 텔레비전을 사려고 할 때 이런 가격표가 붙어 있다면 우선 기존의 판매 가격이 우리의 뇌에 영향을 준다. 할인가를 기재한 가격표만 붙어 있을 때와 비교해 단연코 '이득'라는 판단을 내리기 쉬우며, 실제로 구입하게 된다.

이 판단은 뇌에서 자동적으로 이루어지기 때문에 예를 들어 그 텔레비전이 구형 모델이고 일반적으로는 해당 할인가 가격보다 저렴해도 관계없다. 머릿속에서 '이득'이라는 판단으로 고쳐 쓰기 때문이다.

어제는 '비싸다', 오늘은 '싸다'고 생각하게 되는 이유

또한 한번 뇌가 내린 판단은 물건의 가격부터 향후의 결단까지 영향을 미친다.

예를 들어 호텔 라운지에서 마시는 음료를 떠올려 보자. 한 잔에 1만 원이 넘는 경우도 있어서 일반적으로는 비싸다고 생각할 것이다. 그렇다면 자동판매기의 주스는 어떨까? 캔 하나에 1,500원 전후이니 이 정도면 부담 없이 사 마실 수 있다는 사람들이 많을 것이다.

그러나 학창 시절을 떠올려 보자. 자동판매기에서 구입하는 주스나 음료를 비싸다고 생각하지 않았던가?

'음료수 하나에 돈을 그렇게 많이 쓸 순 없어.'

'물이나 차를 사서 마시는 건 돈이 아까워.'

이렇게 생각했던 시기가 있었을 것이다.

그런데도 '호텔에서 마시는 음료는 1만 원이 넘는다'는 앵커링 효과에 의해 자동판매기의 주스나 음료가 비싸다고는 생각하지 않게 된다.

이런 식으로 우리 뇌에서는 '지불해도 괜찮다고 과거에 결정한 금액'을 그 시점뿐만 아니라 시간이 오래 지난 후에도 적용한다. 그리고 이는 가격에 대해서뿐만 아니라, 횡단보도에서 적신호일 때 무단 횡단을 하거나 담배를 피우는 것 등 다른 나쁜 습관을 형성할 때도 마찬가지로 작용한다.

과거에 신호등이 빨간불일 때 건너는 사람을 본 적이 있거나, 버스를 놓칠 뻔했는데 빨간불일 때 횡단보도를 뛰어 건너서 아슬아슬하게 탈 수 있었던 경험이 있으면 '빨간불일 때 건

너길 잘했다'는 경험이 뇌에 새겨진다. 그래서 특별히 바쁘지도 않은데 '빨간불에 건너기'라는 선택지를 택하게 되는 것이다. 적신호일 때 길을 건너선 안 된다는 것은 굳이 말할 필요도 없이 당연한 원칙인데도 말이다.

작은 돈도 새게 만드는 습관의 무서움

평소 별생각 없이 하는 행동과 습관을 이 시점에서 한번 점검해 보자.

매일 똑같은 편의점에서 구입하는 주스와 아침 식사, 늘 지불하는 휴대전화 요금, 계약 내용을 재검토하지 않은 채 그냥 계속 유지하는 보험, 거의 펼쳐 보지 않는 신문, 지금 당신이 갖고 싶다고 생각하는 옷, 무심코 고른 고가의 화장품……. 이 모든 게 정말 당신에게 필요한 것일까?

전에는 필요했지만 현재는 필요하지 않은 것, 전부터 해 오던 습관대로 돈을 지불하고 있는 무언가도 있을 것이다. 이는 단지 지금까지의 경험이 그것을 '갖고 싶다'거나 '필요하다'라고 착각하게 만들어서일 뿐이다.

뭔가에 대해 평소와 다름없이 단순하게 판단하는 방식을 멈추기만 해도, 애써 참지 않고도 낭비를 줄일 수 있다.

❶ 가격 할인 때문에 충동구매를 할 것 같으면 스마트폰으로 다른 가게의 가격을 검색해 본다.

❷ '1개월', '3개월', '1년' 등 주기를 정해 습관적으로 낭비하고 있지 않은지 점검하자.

뇌는 상대 평가를 좋아한다

"평소 친하게 지내는 여자애가 '귀여운 여자를 소개해 줄게'라고 해서 나가면 귀여웠던 적이 한 번도 없어."

얼마 전 나의 친구가 이렇게 투덜거렸다.

그 여성이 정말로 귀여웠는지 어땠는지는 제쳐 두고, 여기서는 여성이 소개해 주는 '귀여운 여자'가 '정말 귀여울 가능성'과 '사실은 그렇지 않을 가능성' 중 어느 쪽이 더 높은지를 행동경제학과 생리학 관점에서 검증해 보겠다.

먼저 생리학적으로 보면 남성에게는 가능한 자신의 유전자를 많이 남기려는 '종족 보존' 본능이 작용한다. 반면에 여성은 난자의 개수가 유한한 신체 특성상, 자손의 번식과 관련해 가장 뛰어난 정자를 만나려는 본능이 있다.

그래서 남성은 '이 여자와 저 여자, 둘 중 어느 쪽이 귀여운가' 하는 가치판단을 하지 못한다. 한편 여성은 만일 그 남성에게 조금이라도 마음이 있으면 자신보다 귀여운 여성을 소개할 가능성은 낮다고 할 수 있다.

앞서 설명한 대로 인간의 뇌는 절대평가가 아니라 상대평가로 가치판단을 하기 쉽다는 특성이 있다. 따라서 무의식중에 조금이라도 자신을 돋보이게 해 주는 '미끼 선택지'를 내세움으로써, 스스로의 가치를 상대적으로 높여 자신을 선택하게 만든다. 그러니 여성이 귀여운 여자를 소개해 주겠다고 할 때 남성은 그 말에서 '나보다는 덜 귀엽지만'이라는 행간을 읽을 필요가 있다.

물론 그 여성에게 남성이 '대상 밖'이라면, 즉 그 여성이 남성을 뛰어난 정자의 보유자라고 생각하지 않는다면 이야기는 다르다. 말 그대로 귀여운 여자를 소개해 줄 것이다. 이 경우 남성으로서는 기분이 조금 복잡하겠지만, 어쨌든 귀여운 여성을 소개받게 될 것이다.

05

'지금 그만두기에는 아까워'의 악순환

멈출 수 없게 만드는
콩코드 효과

주요 증상

* 마음에 들지는 않지만 타성으로 구매하는 만화나 잡지가 있다.
* 별생각 없이 계속하는 취미, 끊지 못하는 인간관계가 있다.
* 좋아하는 아이돌이나 캐릭터가 있어 관련 상품을 계속 사 모은다.

매주 혹은 매월 발간되는 잡지를 사면 부록이 따라오곤 한다. 그런 부록들을 모으면 미니어처 자동차나 성을 만들 수 있고, 뜨개 작품을 완성할 수도 있다. 당신은 이런 잡지를 구입한 경험이 얼마나 되는가?

나도 지금까지 몇 번쯤 사 모아 왔던 잡지 시리즈가 있다. 하지만 결국 더 이상 구입하지 않기로 했다. 전부 소장해서 부록을 완성하려면 무려 100호 이상까지 구입해야만 하는데, 그러면 총 소요 금액이 100만 원을 가볍게 넘기기 때문이다.

그저 '괜찮네' 하는 정도로 생각하는 물건인데 매달 계속 사게 되는 이유는 무엇일까?

이는 '조금씩 부품을 모은다'는, 해당 상품의 성격 때문이기도 하다. 이런 경우에 창간호는 대개 통상적인 잡지 가격의 절반 이하에 판매된다. 그러다 보니 많은 사람들이 이때 살짝 흥미를 느껴서 몇 권 사 보게 되는데, 결국에는 계속 구입하게 된다. 이런 심리를 '매몰비용 효과Sunk Cost Effect'라고 한다.

매몰비용 효과는 '콩코드 효과Concord Effect'라고도 불린다. 여기서 '콩코드'는 과거 프랑스에서 개발하고 운영했던 초음속 여객기의 이름으로, 1976년부터 2003년까지 주로 유럽과 미국 사이를 취항했다. 비행 속도가 매우 빨라서 점보제트기의 약 세 배 속도인 마하 2.0(시속 약 2,400킬로미터)으로 비행한 콩코드는 사실 속도만 빠를 뿐, 수용할 수 있는 정원이 적고 연비도 좋지 않았다. 이 때문에 채산성이 우려됐지만, 막대한 개발비를 회수하려면 운행을 멈출 수도 없는 노릇이었다. 그렇게 콩코드를 계속 운항한 결과 개발사는 도산하고 말았다.

'여기까지 했는데 아까워. 이 지출(투자)은 분명 가치가 있어.'

'계속하면 언젠가는 채산이 맞을 거야.'

돈과 시간을 들이면 들일수록 이런 생각 때문에 우리의 판단에는 실수가 생긴다. 상황을 유지하려 할수록 지출이 늘어나므로, 손해라는 사실을 알면서도 그만두지 못하는 것이다.

감춰진 손실 파악하는 법

앞의 경우와 가까운 예로, 우리가 따분한 영화를 볼 때를 들 수 있다. 예를 들어 1만 8천 원에 상영 시간 두 시간인 영화를 보기 시작했다고 하자. 그런데 너무 재미가 없다. 시작한 지 30분 만에 질려 버렸다.

이때 많은 사람들은 이렇게 생각할 것이다.

**언제나 지금 사는 이 물건이
마지막인 것처럼…**

'1만 8천 원이나 냈으니 끝까지 보자.'

아니면 이런 생각조차 없이 그냥 볼 수도 있다. 혹은 빨리 끝나길 기다리며 앉아 있거나, 잠을 자는 사람도 있을 것이다.

그러나 정말 합리적으로 판단하자면, 재미없는 영화는 30분 본 것에서 멈추고 나머지 1시간 30분을 의미 있게 써야 한다. 1만 8천 원과 30분은 이미 써 버렸고, 절대 되돌릴 수 없는 비용(매몰비용)이기 때문이다.

사실은 별로 재미없다고 생각하면서도 당신은 단순히 시리즈라는 이유로 계속해서 구입하는 잡지나 만화책은 없는가? 한때 '광팬'이었던 때에 비하면 확연하게 열정이 식었는데도 특정 가수나 아이돌을 별생각 없이 따라다니지는 않는가?

언젠가는 오를 거라고 생각해서 계속 갖고 있는 주식, 언젠가는 '터질' 거라고 생각하며 계속하는 도박이나 경마도 마찬가지다. 때로는 용기 있는 후퇴가 필요하다.

매몰비용 효과가 무서운 점은 그 행위를 중단할 때 '아깝다'는 생각이 매우 강하게 든다는 것이다. 하지만 예를 들어 어떤

비용과 시간을 투자할수록 오히려 손실이다?

'매몰비용 효과'의 구조

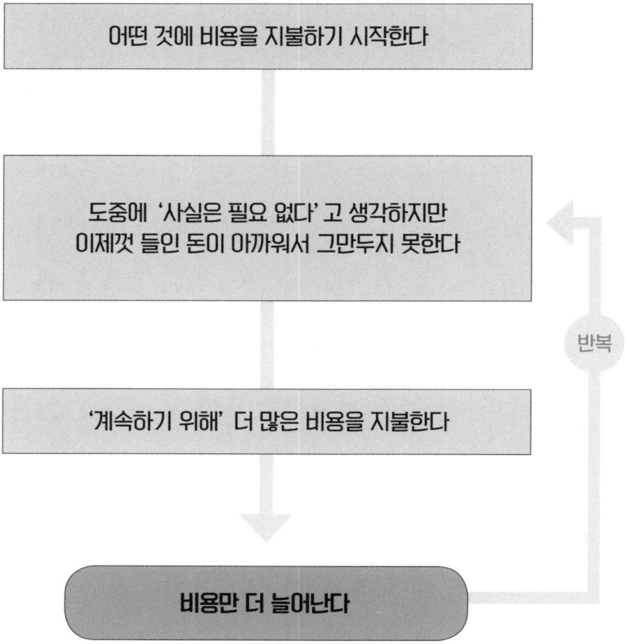

잡지를 1권부터 10권까지 구입했기 때문에 나머지 90권을 사야 한다면, 계속 사는 것이 반대로 더 아깝지 않을까?

물론 지금까지 열 권을 구입하며 들인 비용이 실제보다 크게 느껴질 것이므로, 그만두자는 판단을 내리기는 사실 어렵다. 자신이 이성적이라고 생각하는 사람일수록 그 심리의 덫에 걸리기 쉽다.

멈추기엔 아깝다는 생각이 드는가? 자기 자신의 행동을 객관적으로 판단할 수 있도록, 지금의 그 생각을 바꿔야 한다.

처방전

❶ 지금까지 투자한 시간과 비용이 아깝다는 이유로 계속 시간과 비용을 들이지 않는다.

❷ 투자나 도박은 사전에 손절매(앞으로 주가가 더욱 하락할 것으로 예상하여, 가지고 있는 주식을 매입 가격 이하로 손해를 감수하고 파는 것)할 선과 투자액을 정해 둔다.

❸ '좋아하지 않는다', '재미없다', '따분하다', '맛이 없다' 등 자신의 부정적 감정에 솔직해지고, 그와 관련해 포기할 것들이 있는지 생각해 본다.

06

'이렇게 비쌀 줄은 몰랐다' 하는 일이 발생하는 이유

총액이 쉽게 보이지 않는
세분화

주요 증상

* 물건의 가격을 '하루에 ○원', '한 시간당 ○원' 하는 식으로 계산하는 경향이 있다.
* 가격이 저렴한 가게에서 옵션을 더해 결제했더니 결국 정가와 거의 차이가 없었던 적이 있다.
* 일주일에 2회 이상 커피 전문점에 가는데, 한 달에 얼만큼 많이 지출하는지는 잘 모른다.

바로 이전 글에서 나는 부품 등의 부록이 포함된 잡지를 전부 사 모으면 총 100만 원이 넘는다는 계산이 나왔던 이야기를 했다. 매몰비용 효과 이상으로 그 에피소드에 놀란 사람이 많을 것이다.

'그렇게 비쌀 줄은 몰랐는데!'

총액을 들은 순간 '그럼 과연 누가 그걸 사는 걸까?' 하며 의아해한 사람도 있을지 모른다.

특가로 판매하고 있는 창간호를 구매하면서 나중에 그처럼 엄청난 지출이 되리라고 예상하는 사람은 거의 없다. 그럼에도 불구하고, 100만 원짜리 프라모델Plastic Model을 사지는 않지만 실질적으로는 매달 1만 5천 원 정도의 잡지를 100권 이상 구입하게 되는 일이 일어난다.

최근 일본에서 생겨난 말로 '데아고계 남자デアゴ系男子'(창간호만 특별 가격으로 판매하는 분책分冊 백과 형식의 출판사 데아고스티니DeAgostini의 특징을 빗대어 만든 조어로, '처음에만 상냥한 남자'라는 뜻)라는 표현이 있다.

연애 초반에는 여자 친구에게 따뜻하게 대해 주고 데이트를 할 때도 좋은 곳에 데려가더니, 시간이 흐르자 전화도 잘 하지 않고 어딘가에 가자고 하지도 않는 남성을 가리킨다. 처음에만 상냥한 것이 창간호만 특가로 판매하는 잡지와 비슷해서 만들어진 말이란다.

합리적인 판단을 하는 여성이라면 남성의 이런 면을 알게 된 시점에 바로 헤어지려 하겠지만, 실제로는 그렇게 쉽게 헤어지지 못한다. 왜냐하면 이전 글에서 언급했던 콩코드 여객기의 사례와 마찬가지로, 지금까지 그 남성에게 쓴 시간과 비용을 회수하고 싶어지기 때문이다. 거기에 한번 자신이 잡은 것은 놓기 어려워하는 '소유 효과'라는 심리(122쪽 참고)도 더해져 만남을 질질 끄는 커플이 많다.

❶ 별생각이 없는데도 무언가를 그만두지 못한다면, 그것이 좋아서가 아니라 손에서 놓기가 싫기 때문임을 기억한다.

❷ 구입 총액이 얼마인가에 초점을 맞춘다.

❸ 커피 전문점 외에도 습관적으로 이용하는 장소나 지출하는 항목이 있다면, 한 달간 그 용도로 얼마를 쓰는지 파악해 둔다.

07

이득일까, 손실일까? 스탬프 카드의 마력

소비에 가속도를
올리는 판매 방식

주요 증상

* 스탬프 카드와 포인트 카드가 지갑에 열 장 이상 들어 있다.
* 다시 올지 어떨지 모를 가게에서도 포인트 카드를 일단 만든다.
* 물건을 구입할 때는 가능한 한 스탬프 카드나 포인트 카드를 만들어 둔 가게를 고른다.

'스탬프 열 개 모으면 커피 한 잔 무료!'

당신은 이와 같은 문구가 적힌 스탬프 카드를 몇 장이나 갖고 있는가?

사실은 스탬프 카드도 우리 뇌의 판단을 왜곡시키는 덫이다. 실험에 따르면, 먹을 것을 찾아 미로를 달리는 쥐는 먹을 것과의 거리가 점점 더 가까워질수록 달리는 속도를 높인다. 우리도 그와 비슷한 습성이 있어서 목표에 가까워질수록 속도를 내게 된다.

예를 들어, 카페에서 음료를 사 마시고 받을 수 있는 스탬프 카드의 경우 스탬프를 여덟 개나 아홉 개쯤 모았을 때가 가장 위험하다. 사실은 자신이 원하거나 필요로 하지 않으면서도, 나머지 스탬프 한두 개를 위해 '사야겠다', '마시고 싶다'고 착각하기 때문이다. 여기에 스탬프 카드의 유효기간이 임박했다는 요소가 더해지면 그 효과는 더욱 커진다.

이렇게 해서 불필요한 커피값을 쓰게 되면, '스탬프 열 개를 모으면 커피 한 잔'이라는 조건이 나에게 과연 정말로 이득인지 의심할 필요가 있다.

영화관에서도 종종 이와 비슷한 이벤트를 펼친다. 영화를 여섯 편 관람하면 다음 한 편은 무료로 볼 수 있는 식이다. 이 경우 역시 자신이 본 영화가 여섯 편에 가까워질수록 더욱 주의가 필요하다. 보고 싶은 영화뿐만 아니라 별로 그렇지 않은 영화까지도 스탬프를 의식해 '보고 싶다'고 생각하게 되기 때문이다.

처방전

❶ 스탬프 카드 또는 포인트 카드의 혜택을 객관적으로 인식한다. 예를 들어 2천 원짜리 커피가 '열 잔에 한 잔 무료'일 경우, 결국 2만 원에 커피 한 잔을 마실 수 있는 것임을 기억한다.

❷ 최근 6개월간 혜택을 이용하지 않은 스탬프 및 포인트 카드는 처분한다.

❸ 스탬프나 포인트는 쌓지만 말고 사용 가능한 경우 소진한다.

MAKE
MONEY

험난한 세상에서 내 돈 지키는 법

부자 수업

'내가 이걸 왜 샀지?'

: 그 물욕은 언제 생겼을까

뇌의 착각으로 우리는 무언가가 갖고 싶은지 어떤지 판단도 제대로 못한 채 사게 된다. 이는 다양한 판매 전략에 활용될 수 있다. 0장에서 소개했듯이 뇌는 지금까지 했던 것을 무의식적으로 처리하거나 평소와 다르지 않은 상황에서 내리는 판단을 좋아한다.

여기서는 그러한 뇌의 버릇을 이용해 어느새 '구입'이란 선택지를 택하게 만드는 판매자의 테크닉과 대처법을 알아보겠다. 어느 단계에서 냉정함을 되찾아야 잘못된 판단을 하지 않을까? 이 부분에 초점을 두고 살펴보자.

01

'반품 무료'라는 함정에서 나오기

반품이 없어지는
소유 효과

주요 증상

* '일주일 무료 체험', '사용 도중 반품 가능' 등의 문구와 함께 판매하는 물건은 안심하고 구입한다.
* '매장 방문 시 선물 증정'이라는 이벤트가 있으면 꼭 가 본다.
* 휴대전화 또는 생명보험의 계약 내용을 몇 년이고 확인하지 않았다.

"일주일간 무료 체험! 불만족 시 반품 가능."

"효과가 없으면 언제든 반품 OK!"

최근 늘고 있는 홍보 수법이다. 이런 문구를 보면 자신도 모르게 '한번 써 볼까' 하는 기분이 들 수 있다.

하지만 그렇게 느꼈다면 당신은 이미 판매자의 덫에 걸린 것이다. 우리의 마음은 한번 무언가를 손에 넣으면 그것을 놓고 싶지 않게 되어 있기 때문이다. 이것을 '소유 효과Endowment Effect'라고 한다.

앞서 언급했던 미국의 행동경제학자 대니얼 카너먼에 따르면, 소유 효과는 그것을 갖고 있는 기간의 길고 짧음에 상관없이 발생하며, 그것이 단순한 머그잔 하나일 경우에도 마찬가지로 생긴다고 한다.

이러한 인지 편향을 상품 판매자는 교묘히 이용한다. '일주일간 무료 체험'이든 '효과 없을 시 전액 환불'이든, 혹은 '구매 후 6개월 내 반품 가능'이든 일단 무언가를 구입하면 대개의 사람들이 그것을 반품하지 않는다는 사실이 증명되었기 때문이다. '반품 시 배송비 무료' 하는 식으로 홍보함으로써 이득감을 부채질해도 실제로 소비자가 활용하는 기회는 없다.

반면에 인터넷 프로바이더provider(통신 및 케이블 사업자)나 이동통신사, 생명보험 회사 등은 기존에 특정 회사를 이용하고 있는 사람들이 다른 회사로 '갈아타기'를 하도록 만들어야 하므로 고객에게 더 큰 이득을 얻는다고 느끼게 만드는 다양한 방법을 궁리한다.

예를 들어 '상담만 해도 상품 증정!', '지금 내점하면 ○○가 무료!' 등의 문구는 기존 회사 상품에 갖고 있던 소유 효과를 조금이라도 없애기 위한 것이다.

별생각 없이 지불하는 돈을 조심해야 한다

평소 거의 사용하지 않는 스마트폰 애플리케이션이나 유료 웹 사이트에 매달 몇천 원씩 지불하고 있지는 않은가?

예를 들어 한 휴대전화 통신사를 이용할 경우 최초 계약 시 월 4천 원 전후의 관련 서비스를 신청하도록 되어 있다. 계약을 할 때 판매자는 이렇게 설명한다.

"이달은 무료로 사용할 수 있으니 한 달 사용해 보시고, 필요 없으면 해약하세요. 해약은 고객님의 단말기로 쉽게 가능하니까……."

세상이 그대를 속일지라도
카드가 있어 아직 살 만한 세상

그러나 앞에서 말했듯, 우리는 기본적으로 무언가를 한번 소유하면 그것을 쉽게 놓지 못한다. 하물며 자신이 직접 해약 절차를 거쳐야 하는 경우라면? 귀찮기도 해서 시간만 질질 끌 것이다. 결국 이런 비용은 우리의 그러한 심리를 교묘히 이용한 것이라고 할 수 있다.

❶ 사용하지 않는 스마트폰 애플리케이션(유료)부터 정리하자.
❷ 등록만 하고 가지 않는 수업, 정기 구독 신청 후 읽지 않는 잡지나 신문 등은 해약한다.
❸ 물건을 구입할 때는 가급적 한 번에 값을 지불한다.

02

영업 사원의 친절함에 속지 말 것

구매를 자극하는
반보성과 일관성

주요 증상

* 마트나 백화점 식품 매장에서 시식하는 것을 좋아한다.
* 아이쇼핑만 하려 했지만 점원과 대화를 하다 보니 그 물건이 사고 싶어져서 예상외의 지출을 할 때가 있다.

예를 들어 옷 가게에서 구경을 하고 있는데, 점원이 굳이 뒤쪽 창고에서 딱 맞는 사이즈의 옷을 가져다주었다. 혹은 재고가 없을 때 다른 매장의 재고를 전화로 확인해 주었다. 그러자 왠지 그 옷을 사야 할 것 같아 결국 구입한 경우, 당신도 있지 않은가?

우리는 타인이 호의를 베풀거나 양보를 하면 그에 보답해야 한다는 심리가 작용한다. 이것을 '반보성返報性의 원리'라고 한다. 친절을 받았으니 보답해야 한다는 식으로 우리의 뇌가 판단하는 것이다. 점원의 행동은 판매를 위한 서비스이기도 하지만 '친절'이라고도 할 수 있다. 하지만 그 때문에 사실은 갖고 싶지 않은 것을 구입하게 된다면 주의가 필요하다.

'반보성의 원리'는 예를 들어 다음과 같은 때에도 작용한다.

"맛있는 소시지입니다. 한번 시식해 보세요!"

바로 백화점 식품 매장의 시식 코너다. 처음에는 구매할 마음이 없었는데 시식 후에 사게 된 경험, 누구나 한 번쯤 있을 것이다.

이 역시 무료 서비스에 대해서 '구매'라는 형태로 보답하는 것인데, 사실은 또 다른 심리 효과가 작용한다. 바로 '일관성의 원리Consistency Principle'다. 예를 들어 "시식해 보세요"라는 판매원의 말에 "네" 하고 응했다면, "하나 구입하세요"라는 말에도 "네"라고 응하기 쉽다. 무언가 하나를 받아들이면 그다음 의뢰도 수락하게 되는 것이다. 우리의 마음은 이처럼 일관성을 갖고 있다.

'그렇죠', '네'라고 말할 때마다 지출이 늘어난다

노련한 영업 사원을 만났을 경우, 앞서 말한 두 가지 심리 효과는 순식간에 우리의 지갑을 열게 하는 덫이 된다.

영업 사원: 해외여행 갔을 때 영어를 할 수 있으면 좋잖아요.

손님: 그렇죠.

영업 사원: 최근에는 SNS로 외국인과 교류하는 일도 늘었고요.

손님: 맞아요.

영업 사원: 그래서 제가 영어 회화 학원을 하나 안내해 드리려고 하는데……. [본론]

"그렇죠" 하고 한 번이라도 말했다면 그다음 대답도 승낙하기 쉬워지는 일관성의 법칙이 작용한다. 그래서 흥미가 있지도 않은 영어 회화 학원 이야기를 듣게 된다.

영업 사원: 입회비, 연회비는 각각 10만 원이고 강의는 1회당

5만 원입니다.

손님: 그래요……? (좀 비싸네.)

영업 사원: 그런데 지금 등록하면 입회비랑 연회비가 무료예요.

손님: ……. (영어는 배워 놔도 손해 볼 건 없어…….)

이렇게 판매자가 비용을 어느 정도 양보해 주면, 우리는 그런 호의에 대해 뭔가로 보답해야 한다는 심리가 작용한다. 그래서 처음에는 전혀 흥미가 없었던 영어 회화 학원에 자연스럽게 흥미를 느낀다.

영업에서 효과적인 방법으로 알려진 이 수법은 매우 다양하게 활용된다. 실제로 반보성의 원리는 '도어 인 더 페이스 테크닉Door in the Face Technique' 또는 '양보적 요청법', 일관성의 원리는 '풋 인 더 도어 테크닉Foot in the Door Technique' 또는 '로 볼 테크닉Low Ball Technique'으로 각각 불리기도 한다.

일단 상대에게 동의하면 그다음 의뢰가 다소 수락하기 어려운 것이어도 "그렇죠"라고 말하게 된다. 그리고 상대가 조금이라도 친절을 베풀면 그에 '보답'하고 싶은 기분이 든다.

당신이 정말 갖고 싶어 하는 것 이외의 지출을 막고자 한다면, 이 두 가지 심리 법칙을 꼭 알아 둘 필요가 있다. 그리고 상대의 가벼운 제안에 쉽게 동의하지 말고 한 번 더 신중히 생각해야 한다.

처방전

❶ 영업 사원 및 각종 상업 시설의 '무료', '서비스', '친절'은 지갑을 열게 하는 감언이설임을 기억한다.

❷ 길에서 캐치 세일즈(catch sales, 판매 목적을 숨긴 채 설문 조사 등을 빙자해 물건을 판매하는 행위)맨이 말을 걸어도 멈춰 서지 않는다.

03

공짜만큼 비싼 것은 없다

무료의 마력과
비용 의식

주요 증상

* 인터넷 쇼핑을 할 때 배송비 무료 조건의 금액에 맞춰 물건을 추가로 구매하는 경향이 있다.
* '입회비 무료 행사 중', '선물 증정' 등의 기회를 노려 강습을 등록했는데 거의 다니지 않는다.
* 스마트폰 메신저 앱의 '무료 이모티콘'을 사용한다.

해외여행지의 선물 가게에서 다음과 같은 문구를 본 적 있을 것이다.

"Buy 3, Get 1 Free."

'세 개를 구입하면 하나가 덤'이라는 의미로, 주로 현지와 관련된 이미지나 글귀가 디자인된 볼펜 같은 물건이 이런 방식으로 판매된다. 저런 문구를 보면 왠지 '3의 배수'로 구매하고 싶어진다. 사실은 두 개면 충분한데 세 개를 구입하고 하나는 덤으로 받으려 하는 것이다. 그런데 지인들에게 선물을 나눠 주고 나면 꼭 몇 개가 남는다. '볼펜이니까 언젠가 쓰겠지' 하고 책상 서랍에 넣어 두는데, 사실 이렇게 구입한 볼펜을 잉크가 떨어질 때까지 사용하는 일은 거의 없다. 결국 볼펜 한 자루 값을 낭비한 셈이다.

비슷한 전략으로 인터넷 쇼핑의 '5만 원 이상 무료 배송', 백화점의 '3만 원 이상 구매 시 두 시간 무료 주차' 등이 있다. '○원 이상'이라는 조건이 있으면 그 금액을 목표로 해서 갖고 싶은 물건을 정하는 쇼핑을 하게 되는 것이다.

예를 들어, 5만 원 이상 무료 배송인 인터넷 쇼핑을 생각해 보자. 구입하려는 물건의 금액이 3만 8천 원이라서 배송료가 발생한다면, 5만 원을 채우기 위해 1만 2천 원짜리 물건을 검색하는 경우가 적지 않다. 하지만 배송료를 포함한 금액이 5만 원보다 저렴하다고 해서 굳이 필요도 없는 물건을 추가로 살

오늘의 슬기로운 소비생활

:무료 배송이 될 때까지 장바구니를 채운다

필요는 없다. 그럼에도 불구하고 많은 사람들은 '무료'라는 말 때문에 불필요한 물건까지 구입하고 마는 것이다.

우리가 인터넷 쇼핑을 할 때 '배송료를 내면서라도 갖고 싶은 물건'이라면 자신이 정말 원하는 것이라 할 수 있다. 따라서 배송료가 아깝다는 생각이 든다면, 절실히 원하는 것이 아닐 가능성이 높으므로 그 물건을 사지 않으면 된다.

무료는 정말 비용이 0원일까

그래도 다음과 같이 말하는 사람이 있을지 모른다.

"'선착순 ○명 증정'처럼, 줄만 서면 준다고 하는 걸 받는 행동은 이득 아닌가?"

예를 들어, 매해 가을이면 일본의 곳곳에서는 '꽁치 축제'가 열린다. 이 축제의 주요 이벤트는 선착순 몇천 명에게 1인당 꽁치 한 마리씩을 무료로 나눠 주는 것이다.

물론 여기에 참가하는 데는 어떤 비용도 들지 않는다. 줄만 서면 받을 수 있기 때문이다. 하지만 행사장에 가자마자 꽁치를 받을 수 있는 것은 아니다. 평균 두세 시간, 사람이 몰릴 때는 다섯 시간 이상 줄을 서야 한다. 그 정도 성황이면 이벤트로서는 성공이라고 할 수 있다.

그런데 여기서 생각해 볼 점이 있다. 그해 어획량이나 생선의 크기, 산지에 따라 달라지기는 하지만, 제철일 경우 꽁치 한 마리의 가격은 1천 원에서 1천 2백 원 정도다. 하지만 '줄만 서고 아무 것도 잃는 것 없이 꽁치를 얻었다'고 말할 수 있을까? 시간이라는 비용을 간과한 것은 아닐까?

만약 뭔가 특별하게 조리된 꽁치를 그 자리에서 먹고 즐기는 이벤트라면 몇 시간 줄을 서도 괜찮을 수 있다. 또 만약 당신이 '줄을 서는 것이 재미있다', '이벤트를 즐기고 싶다'라고 경험 그 자체를 중요하게 여긴다면 굳이 말릴 생각은 없다. 하지만 단순히 꽁치를 얻고 싶다는 생각이라면 줄을 서기보다는 마트에서 구입하거나 식당에서 사 먹는 것이 낫다. '무료'라는 말 등에 흔들리지 않고 꼭 갖고 싶은 물건만 구입하는 것이 가장 이익이다.

유료보다 비싼 무료가 있다

꽁치 축제의 예시에서처럼, 우리는 '무료'라는 말이 붙어 있으면 정말로 '비용이 0원'이라고 착각하게 된다.

이런 심리를 미국의 비즈니스 잡지 〈와이어드Wired〉의 전 편집장 크리스 앤더슨Chris Anderson은 자신의 저서 《프리Free》에서 '프리미엄Freemium'이라 이름 붙였다. 이는 프리free와 프리미엄premium(할증 요금)의 조어로 스마트폰 애플리케이션에서 자주 쓰이는 마케팅 전략이다. 기본적인 서비스는 무료로 보다 많은 사람들이 사용하게 하고, 그중 일부 이용자들이 유료 회원이 되어 그 서비스의 매상에 공헌하는 모델을 말한다.

친근한 예로, 스마트폰의 메신저 애플리케이션인 'LINE(라인)'을 살펴보자. 일본에서 스마트폰 사용자의 70퍼센트 이상이 사용하는 이 앱의 특징은 바로 이모티콘이다. '안녕', '수고했어', '고마워' 등을 표현한 간단한 이미지를 주고받을 수 있어, 말로는 전하기 어려운 감정을 손쉽게 전달할 수 있다. 앱

자체의 사용료는 무료이지만 이모티콘은 유료인 것도 많아서, 이는 앞에서 언급한 프리미엄의 대표적인 예라고 할 수 있다.

"나는 유료 이모티콘은 사지 않아. 무료가 있는데 뭐."

물론 이렇게 말하는 사람이 있을 것이다. 실제로 무료로 제공되는 이모티콘만 이용하는 이들도 많을 수 있다. 그런데 이 무료 이모티콘은 정말 '비용이 0원'일까?

먼저, 대개의 무료 이모티콘은 특정 기업이 보내는 메시지를 수신하는 것과 세트로 구성된다. 따라서 기업은 무료 이모티콘을 제공함으로써 효과적인 홍보를 할 수 있다. 또한 이를 사용하는 사람이 많을수록 기업의 이미지를 더 널리 알릴 수도 있다.

게다가 기업은 이를 통해 사용자의 친근감도 얻어 낼 수 있다. 인간은 여러 번 같은 것을 접하면 경계심이 낮아지고 호감도가 증가하는 경향이 있다. 예를 들어 출퇴근이나 통학 중에 우연히 3일 연속으로 같은 사람과 마주쳤다고 하자. 전혀 모르는 사람이어도 조금은 친밀감이 들지 않을까? 이 효과를 인지심리학에서는 '단순접촉 효과Effect of Simple Contrast'라고 한다.

마찬가지로, 마트나 편의점에서 해당 기업의 상품을 보았을 때 친근감을 느낀 소비자는 자연스럽게 그 상품을 집어 든다. 뿐만 아니라 선거 활동 중에 후보자들이 자신의 이름을 계속해서 외치고 역 앞에서 연설을 하는 것도 단순접촉 효과를 노린 것이다. 모르는 사람보다 아는 사람에게 투표하기 쉽다는 사실을 그들은 알고 있는 것이다.

무료라는 말을 들으면 더 경계하라

마지막으로 간단한 퀴즈를 준비했다. 행사 중인 가게 A와 B 중 당신은 어느 곳에서 물건을 사겠는가?

가게 A: 고객 50명마다 1명 무료

가게 B: 전 상품 5퍼센트 할인

A를 선택한 사람은 '무료'라는 말에 현혹된 것이다. 사실

'50명당 1명 무료'는 평균으로 계산하면 가게 총매출의 2퍼센트를 할인해 주는 것에 불과하다. 일률적으로 5퍼센트를 할인해 주는 곳이 소비자에게는 더 이익이다.

이처럼 '무료'라는 매력적인 말은 우리의 판단을 무뎌지게 만든다. 따라서 이 단어에 대한 경계심을 높여야 한다.

❶ 무료에는 무료가 될 수 있는 이유와 전략이 있다.

❷ '무료 = 비용 0원'이 아니다. 손익에 대한 판단은 신중하게 하자.

❸ 무료를 대대적으로 홍보하는 상품이나 매장은 가급적 가까이하지 않는다.

04

선택지가 많을 때를 조심하라

선택지가 다양할수록 더 스트레스인
선택부담 효과

주요 증상

* 정신을 차려 보면 항상 '추천', '인기' 등의 문구가 붙은 제품을 고르는 경향이 있다.
* 종류가 많아서 망설여지면 점원에게 추천 상품이 뭔지 물어본다.

이전 글에서 '선택지가 두 가지에서 세 가지로 늘면 구매 의욕이 증가한다'는 이야기를 한 바 있다(90쪽 참고). 그럼 선택지가 많으면 많을수록 우리의 구매 의욕은 높아질까?

그렇지 않다. 스탠퍼드대학교의 마크 레퍼Mark R. Lepper 교수와 콜롬비아대학교의 쉬나 아이엔가Sheena S. Iyengar 교수의 유명한 실험이 있는데, 이를 통해 선택지가 많아진 경우 우리의 뇌가 어떤 작용을 하는지 알 수 있다.

이들은 한 마트의 시식 코너에서 사람들에게 24종의 잼을 비교하도록 했을 때와 6종의 잼을 비교하게 했을 때, 각각 얼마나 많은 사람들이 실제로 잼을 구입하는지, 그 결과를 알아보았다.

아마도 당신은 잼의 종류가 많을수록 자신의 입맛에 맞는 제품을 찾기가 더 쉬워서 판매가 늘어난다고 예상할 것이다. 그러나 결과는 반대였다. 잼 6종을 비교했을 경우의 매출이 더 높았다.

참고로, 잼을 시식한 사람은 24종일 때가 6종일 때보다 1.5배로 많았다. 그런데도 시식 후 구입까지 이어진 확률은 오히려 더 낮았다. 시식을 한 다음 잼도 구매한 사람의 비율은 24종일 때 3퍼센트, 6종일 때는 30퍼센트였던 것이다.

이런 결과 역시 인지 편향의 일종으로 볼 수 있다. 가짓수가 너무 많으면 정작 그중에서 하나를 선택하기가 어렵고 오히려 스트레스로 작용한다. 이것을 '선택부담 효과' 혹은 '선택의 역설The Paradox of Choice'이라고 한다.

스스로 선택할 수 없을 때는 결정하지 말 것

예를 들어, 낯선 거리를 걷다가 저녁으로 라면을 먹으려는데 어느 가게를 들어가야 할지 망설여질 경우를 생각해 보자. 메뉴가 다양한 가게보다는 '라면 전문점'이라는 식으로 선택지를 좁혀 준 가게가 더 맛있을 것 같지 않은가?

혹은 어딘가 적당한 라면 가게에 들어갔을 때, 딱히 된장라면을 먹고 싶었던 것은 아니지만 '베스트 메뉴: 된장라면' 혹은 '주인장 추천: 된장라면' 같은 문구가 있으면, 당신도 자연스럽게 된장라면을 선택할 것 같지 않은가?

그렇다. 가짓수가 너무 많으면 선택을 하기가 어렵다. 반대로 말해, 지나치게 많은 선택지를 좁혀 주면 그 순간 그것이 갖고 싶은 물건, 먹고 싶은 음식처럼 느껴진다.

생활용품이나 옷을 사려는데 선택지가 많아 고르기 어려울 때가 있다. 이 경우 사실은 전부 그다지 갖고 싶지 않거나, 자신이 원하는 물건이 무엇인지 아직 확실히 정하지 못한 것이다. 그런 때에 '추천' 또는 '인기' 등을 기준으로 대충 구입해 버리면 나중에 후회할 가능성이 높다.

만약 당신이 무의식중에 추천 상품이나 인기 상품을 선택할 것 같다면, 정말로 그것이 자신이 원해 내린 결정인지 생각해 볼 필요가 있다.

❶ '추천', '인기'라고 쓰여 있는 상품 외에 딱히 물건을 고를 수 없는 경우, 사실은 추천 상품도 그다지 갖고 싶지 않은 상황임을 알아 둔다.

❷ 가짓수가 많아서 물건을 고를 수 없을 때는 일단 시간을 뒀다가 다시 생각한다.

05

조건이 한정되면 사고 싶어진다

안 된다고 하면 더욱 원하게 되는
심리적 저항

주요 증상

* ‘한정’, ‘첫 구입 시 특가’, ‘특별 혜택’이라 쓰여 있으면 사고 싶어진다.
* ‘처음 방문한 손님은 사절’인 단골집이 두 곳 이상 있다.
* 폐점 세일 중인 가게가 있으면 들여다보고 싶어진다.

부모 : TV만 보지 말고 공부해.

자녀 : 에이, 안 그래도 지금 하려고 했는데! 그런 말 들으니까 하기 싫어졌어!

이는 평상시 흔히 볼 수 있는 대화다. 우리는 행동과 판단을 자기 의사에 따라 자유롭게 결정하고 싶은 욕구가 있다. 그래서 상대방이 강한 어투로 "~해!" 혹은 "~하라니까!" 하고 강제하면 그에 반발하고 싶어진다. 이러한 반응을 '심리적 저항'이라고 한다.

손님: 이 셔츠 좀 보여 주세요.

점원: 네, 여기 있습니다.

손님: 괜찮은 것 같은데, 음…….

점원: 잘 어울려요. 한정판인데, 사실은 그게 마지막으로 하나 남은 거예요.

손님: …… 주세요!

이 같은 상황도 심리적 저항의 일종이다. 왜냐하면 우리가 갖고 있는 '내 의사대로 자유롭게 구입하고 싶다'는 욕구를 '한정판', '마지막 하나', '매진 임박', '선착순 ○명' 등으로 '한정'함으로써 '사지 않으면 안 된다', '갖고 싶다'라는 저항감이 들게 만들기 때문이다.

항상 폐점 세일 중인 가게의 비밀

폐점 할인 역시 우리의 심리적 저항을 자극한다. 예를 들어, 365일 항상 폐점 세일 중인 가게가 있다. 동네 사람들은 그 사실을 알기 때문에 영향을 받지 않는데, 처음 그곳을 지나가는 사람들은 들어가고 싶은 마음이 생긴다.

'지금 놓치면 다음엔 살 수 없을지도 몰라!'

이런 생각이 드는 만큼, 우리는 별로 갖고 싶어 하지 않는 것까지도 갖고 싶다고 착각하게 된다는 사실을 우선 인지해야 한다. 그런 다음 구입 여부를 판단하자.

처방전

❶ '한정판' 셔츠가 갖고 싶을 때는 길에서 당신 옆을 지나가는 사람이 그 옷을 입고 있어도 여전히 사고 싶은지를 생각해 본다.

❷ '기간 한정', '폐점', '매진', '최종 세일' 등 손님에게 제한을 가하는 문구 등은 구매 의욕을 부채질하기 위한 덫임을 인식한다.

사랑하는 두 사람의 정열에도 이유가 있다

셰익스피어의 희곡 〈로미오와 줄리엣〉은 서로 사랑하는 젊은 남녀가 양가의 싸움으로 교제 반대에 부딪히자 결국 두 사람 모두 죽음을 택하는 비극적인 스토리다. 로미오와 줄리엣, 이 두 사람의 사랑을 뜨겁게 만든 것도 '심리적 저항'이 작용했기 때문이다. '안 된다'고 할수록 거스르고 싶어지는 것은 쇼핑이나 연애나 마찬가지인 것이다.

예를 들어 세상을 떠들썩하게 만드는 불륜도 심리적 저항의 영향이 크다. 본래 해서는 '안 되는' 사랑이기 때문에 그것을 거스르고 싶어졌을 가능성이 있다.

로맨틱하지 않은 이야기로 들리겠지만, 만약 로미오와 줄리엣의 집안이 서로 원수가 아니었다면 두 사람은 언젠가 깨끗이 교제를 끝냈을지도 모른다. 마찬가지로 불륜 관계인 두 사람 또한 정작 모든 장애물이 없어지면 자신들의 생각을 고집하지 않을 수도 있을 것이다.

06

점원이 테스트를 권하는 이유

만지면 갖고 싶어지는
애착변화 효과

주요 증상

* 무료함을 달랠 겸 가전제품 매장 등에서 신제품을 테스트해 보던 중 갖고 있는 제품을 신형으로 바꾸고 싶어진 적이 있다.
* 아이쇼핑만 할 생각으로 가게에 들어갔다가 옷을 입어 보고는 사고 싶어져서 구매한 적이 있다.

가전제품 매장에 가 보면 컴퓨터, 디지털카메라, 선풍기, 냉장고 등이 고가의 신제품부터 적당한 가격대의 제품까지 보기 좋게 진열되어 있다. 개중에는 제품별로 무엇이 어떻게 다른지를 고객이 직접 테스트해 볼 수 있도록 갖춰져 있다. 왜 이런 곳들은 고객이 직접 고가의 상품을 테스트해 보게 하는 것일까?

사실은 거기에도 '애착변화 효과'라는 인지 편향이 관계한다. 즉 우리는 상품을 실제로 만지면 그 상품에 애착이 생겨서 갖고 싶어지기 쉽다.

물론 매장에서 이것저것 사용해 보긴 하지만 구입은 인터넷으로 한다는 사람들도 있다. 하지만 상품을 직접 만져 볼 수 있는 매장이 없어진다면 가전제품의 판매량은 지금보다 떨어지지 않을까? 그만큼 직접 만지거나 테스트해 보는 것은 우리가 구입하는 데 크게 영향을 준다.

애착변화 효과로 사람의 마음을 설득하는 법

애착변화 효과는 아주 짧은 시간 동안의 접촉으로도 발생한다. 예를 들어 당신은 고양이를 키우고 싶어 하는데 동거인은 동물을 싫어해 극도로 반대하고 있는 상황이라고 해 보자.

두 사람이 집에서 대화를 나누며 의논하는 것도 좋지만, 상대방을 반려동물 숍 등에 데려가 보자.

"안 키워도 좋으니까 한번 안아 봐."

그리고 이렇게 고양이를 직접 안아 보게 하면, 이때 애착변화 효과가 작용할 가능성이 있다. 그러면 이후의 협상이 쉬워질 수 있다.

❶ 구입할 마음이 없는 상품은 애초에 쳐다보지 않는다. 만지지 않는다. 테스트해 보지 않는다.

07

무의식중에 클릭하게 되는 인터넷 쇼핑

이용자의 구매 정보를
수집하는 쿠키cookie

주요 증상

* 인터넷 쇼핑에 매달 상당 액수의 지출을 한다.
* 컴퓨터나 스마트폰의 화면에 '맞춤형 추천', '지금이 기회' 등의 문구가 보이면 반사적으로 클릭할 때가 있다.

'이 상품을 구입한 고객들은 다음과 같은 상품도 구입했습니다.'

'○○○님에게 추천하는 상품.'

인터넷 쇼핑을 하다 보면 이런 홍보 문구를 본 적이 많을 것이다. '어떻게 내 취향을 알고 있는 거야?' 하고 묻고 싶을 만큼 내가 마음에 들어 하는 것, 놓치고 싶지 않은 것들이 화면에 떠 있다. 그래서 예상외의 물건까지 사 버리곤 한다. 이것이야말로 가장 조심해야 할 덫이다.

"여기엔 이 옷이 잘 어울려요."

"이 제품도 같이 사용하면 편리해요."

인터넷 쇼핑이 오늘날처럼 활성화되지 않았던 과거에는 가게의 점원이나 제품 영업 사원이 이같이 자신의 경험을 토대로 고객에게 제안하는 '끼워 팔기(교차 판매)' 방식이 일반적이었다. 혹은 고객 정보가 들어 있는 회원 카드를 발급한 경우라면 그것을 통해 "지난번에 그 제품을 구입하셨으니 이번에는 이걸 한번 사용해 보시면 어떨까요?" 하는 식으로 새로운 제안을 이어 갔다.

따라서 당시에는 고객, 즉 우리로서는 점원과 영업 사원이 뭔가 말을 걸 때 혹은 내가 회원 카드를 제시할 때만 주의하면 갑자기 물건을 추천받는 일은 없었다.

24시간 365일,
각종 추천 정보가 쏟아진다

그러나 지금은 인터넷에 많은 자료가 축적되어 개인의 물건 구입 이력뿐 아니라 검색 이력까지 모두 파악된다. 거기에는 매장의 점원이나 영업 사원이 알 수 있는 정보보다 훨씬 더 많은 사항이 관련되어 있어서, '추천' 적중률도 자연히 높아진다. 예를 들어 인터넷에서 할인 항공권을 구입한 순간, '호텔 숙박 신청, 지금이 기회!' 하는 문구가 있는 광고 화면이 떠서 반사적으로 흥미를 느끼고 클릭하게 유도하는 것이다.

또한 대개의 웹 사이트에는 광고란이 있다. 그러한 광고란도 사실은 자신의 검색 이력에 따라 표시되는 내용이 달라진다. 친구의 스마트폰으로 똑같은 사이트를 살펴보면 자신의 스마트폰으로 봤을 때와는 다른 광고가 표시된다.

이는 쿠키(인터넷 웹 사이트의 방문 기록 등을 저장한 정보 파일)라는 시스템에 의해 그 사람이 어떤 정보에 흥미가 있는지가 분석되어 그에 맞는 광고가 실리기 때문이다.

궁금하다면 구글Google이 제공하는 광고 관심 설정 관리자

Ads Preferences Manager를 살펴보면 된다. 회원 가입이 되어 있는 경우는 나의 흥미를 어떻게 추측하고 있는지 알 수 있다.

자신을 어떤 식으로 분석하는지 알 수 있어서 재미있긴 하지만, 왠지 사생활이 노출되는 것 같아 기분이 나쁘기도 할 것이다. 우리가 인터넷을 편리하게 이용할수록 정보는 축적되어 우리의 소비를 자극하는 구조가 만들어진다. 인터넷을 어떻게 활용할지 앞으로 더욱 신중해야 할 것이다.

처방전

❶ 인터넷상에는 '추천! 지금 딱 좋은 제품'이라는 식으로 내 정보에 맞는 광고가 늘 존재한다는 것을 알아 둔다.

❷ 자신의 정보가 얼마나 노출되었는지 객관적으로 봐 둔다.

08

홈쇼핑은 왜 그토록 재미있을까?

나의 콤플렉스를
해소해 주는 상품

주요 증상

* TV 홈쇼핑을 보고 반사적으로 주문 전화를 건 적이 있다.
* 실내운동 기구를 옷 거는 용도로 쓰는 등, 홈쇼핑에서 구입한 미용 · 다이어트 기구를 다른 용도로 사용하고 있다.
* TV 프로그램보다 광고를 더 열심히 본다.

나의 경우 의외로 돈을 낭비하게 되는 항목이 바로 TV 홈쇼핑이다. 별생각 없이 보다가 어느새 상품을 주문하곤 한다.

내가 홈쇼핑에서 구입한 물건 가운데 인상적인 것은 자동차 왁스다. 당시 지붕이 없는 주차장에 차를 주차해야 해서 먼지와 흙이 신경 쓰였다. 그러던 중 홈쇼핑에서 소개하는 제품이 눈에 띄었다. 차를 닦는 즉시 차체가 반짝거리고 보디에서 달걀 프라이를 해도 상처 하나 나지 않는다는 왁스였다.

나는 거의 자동적으로 화면에 표시된 번호에 전화를 걸어 그 왁스를 구입했다. 하지만 정작 그 왁스를 사용한 적은 거의 없다. 직접 세차하는 습관이 없었기 때문이다.

한편 나의 친구들 중에 낚시, 특히 루어(가짜미끼)를 사용한 블랙배스(검정우럭) 낚시를 좋아하는 이가 있다. 실력은 상당한데, 슬럼프 때문인지 물고기를 잘 낚지 못하는 시기가 있었다고 한다. 그도 우연히 TV 홈쇼핑을 보다가 루어를 구입했다. 그 루어를 어항에 담근 순간 물고기가 엄청난 기세로 달려드는 화면을 보고 저절로 손이 움직였다는 것이다.

나도 모르게 전화에 손이 가는 TV 홈쇼핑의 판매 테크닉

TV 홈쇼핑에서 구사하는 판매 유도 테크닉에는 어떤 것들이 있을까? 핵심적인 몇 가지는 다음과 같다.

1. 상품 소개자 및 게스트

상품을 매력적으로 보이게 하려면 그 상품을 소개하는 사람의 지위와 설명 능력 등이 중요하다. 한 대기업은 홈쇼핑에서 제품을 소개하는 이가 기업 대표에서 다른 사람으로 바뀌었을 뿐인데 매출이 크게 떨어지기도 했다. 또한 어떤 목소리로 어떻게 상품을 소개하는가도 매우 중요하다.

그리고 이름이 알려진 유명 게스트가 출연해 "정말 편리하네요!", "바로 이런 걸 찾고 있었거든요!" 하는 식으로 몰아치듯이 말하면 그 상품이 더욱 매력적으로 느껴진다. 심리학적으로 볼 때 후광 효과(46쪽 참고)라고 할 수 있다.

2. 체험자의 말

TV 홈쇼핑을 보면 체험자가 그 상품을 사용하는 모습과 사용한 감상을 진지하게 말하며 제품을 소개하는 화면이 반복해서 나온다. 시청자는 그 상품을 통해 자신과 똑같은 고민을 해결한 사람이 있으면, 그 제품이 고민을 덜어 줄 좋은 물건이라고 생각해 구입하게 된다. 사람들이 줄을 선 라면 가게는 맛있을 거라고 생각하는 심리와 똑같다.

3. 한정 수량 어필

대개의 상품들은 판매 가능한 수량이 한정되어 있다. 우리가 '한정'이라는 말에 약한 것은 앞에서도 언급한 바 있는 심리적 저항 때문이다(144쪽 참고). 여기에 판매 시간도 제한함으로써 구매 욕구를 더욱 자극한다.

"현재 주문 폭주로 전화 연결이 어렵습니다" 하는 멘트, 화면 아래로 현재 팔려 나가는 수량만큼 재고가 줄어드는 그래픽 이미지를 보여 주는 것 등도 마찬가지의 효과를 노린 것이다.

4. 덤 전략

TV 홈쇼핑 상품은 매장에서 구입하는 것보다 이득임을 어필하기 위해 '덤'이 붙는다. 뿐만 아니라 대량 구매 시 더 큰 할인율을 적용해 구매하면 이득이라는 느낌을 소비자가 받도록 연출한다.

이러한 TV 홈쇼핑의 무서운 점은 자동차 얼룩이나 낚시 슬럼프 등 우리의 고민을 해결할 수 있는 방법을 실제 연출과 함께 보여 주는 데 있다. 그러다 보니 처음에는 심리적 거리를 두고 상품을 보다가, 어느새 그 상품이 필요한 당사자가 된다.

그러나 누군가가 홈쇼핑에서 판매하는 다이어트 기기로 10킬로그램을 감량했다 해도 당신 역시 그것으로 10킬로그램을 감량할 수 있다는 보장은 없다. TV 화면 속에서 일어나는 일을 '나의 일'로 생각하지 않도록 주의하자.

❶ 나의 TV 홈쇼핑 실패 경험을 목록으로 작성해 본다.
❷ 홈쇼핑 방송을 보다가 갖고 싶어지면 동일한 상품을 인터넷에서 찾아봄으로써 '한정 제품'이라는 말의 유혹에서 벗어난다.
❸ 목적 없이 TV 홈쇼핑 방송을 시청하지 않는다.

MAKE
MONEY

· 4장 ·

수입이 그대로여도 잔고는 늘어나는 비결

부자 수업

낭비가 없어지면 돈이 늘어난다

: 매일이 만족스러워지는 돈의 원칙

지금부터는 뇌가 버릇과 충동에 휩쓸려 무언가를 구입하거나 돈을 쓰겠다는 판단을 내리지 않도록 '만족도 높은 돈 사용법'에 대해서 알아보자.

물론 현실에서는 갖가지 상품의 판매자가 다양한 방법으로 고객을 유인한다. 따라서 이러한 원칙을 안다고 해서 낭비를 멈출 수 있다고 단언하기는 어렵다. 그러나 이를 아는가 모르는가에 따라 '살까 말까' 망설일 때의 마음가짐이나 판단 기준이 달라진다.

자신에게 맞는 돈 사용법을 모른 채 단순히 낭비하지 말자고 다짐만 하거나 인지 편향을 알아 두려는 것은, 럭비 경기를 한 번도 본 적 없는 사람이 갑자기 선수로 시합에 나가 상대 팀을 이기려 하는 일이나 다름없다. 공을 따라다닐 수 있을지 몰라도 언제 반칙이나 실수를 하게 될지 알 수 없다. 이 경우 기본적인 규칙만 알아도 경기에 임하는 자세는 달라질 것이다. 돈 사용법도 마찬가지다. 원칙을 아는 것이 중요하다.

01

정말 갖고 싶은 것을 가려내는 방법

머릿속에
'스토리'를 그린다

먼저 '만족도 높은 돈 사용법의 원칙'에 대해서 알아보자.

기본은 하나다. 어떤 물건이나 체험에 돈을 쓸 때 자기 자신에게 '스토리를 바르게 그렸는가?' 하고 질문하는 것이다.

여기서 스토리를 그린다는 말은, 예를 들어 쇼윈도에 진열된 옷을 보고 '입고 싶다'는 생각이 들 때 다음과 같이 상상하는 것을 의미한다.

'다음 주 모임에 저 옷을 입으면 딱 좋겠다!'

'작년 초가을에는 걸칠 만한 웃옷이 없어서 추웠지.'

이렇게 머릿속에서 구체적으로 그려 본 뒤 구입한 물건은 설령 예산을 조금 초과하더라도 낭비했다는 후회를 하게 되지는 않는다. 어쩌면 당신은 의외라고 생각하겠지만, 그 소비가 낭비인지 어떤지에 '금액'은 전혀 관계없다.

값이 저렴해서 경제적으로 큰 부담은 아니었어도 정작 자신에게 필요 없는 것이라면 결과적으로 그것은 낭비다. 반대로, 정확하고 자세하게 스토리를 그려서 구입했다면 카드 빚을 졌다 해도 잘 샀다고 할 수 있다.

뇌가 속는 것을 막기 위한 세 가지 주의 사항

무언가를 사거나 돈을 지불할 때 사람은 무의식적으로 어떤 스토리를 그린다. 그때 그린 스토리가 자신에게 좋은 일이라고 판단했을 경우, 혹은 자신의 인생을 더 나아지게 한다고 생각했을 경우 지출을 결정한다.

그러나 우리는 종종 인지 편향에 빠져서 잘못된 스토리를 그리곤 한다. 당신이 어떤 옷을 보면서 '입고 싶다'고 생각했다고 가정해 보자.

'30퍼센트 할인이네. 하나 있으면 편할 것 같고. 사자!'

'점원이 입은 저 옷, 요즘 유행하던데……. 괜찮아 보여.'

만약 이런 스토리를 세워서 옷을 구입한다면? 결국 후회스러운 쇼핑이 된다.

이쯤에서 당신은 의문이 들지도 모른다. '올바른 스토리와 잘못된 스토리, 대체 뭐가 다른 거야?'

올바른 스토리는 다음의 세 가지 특징을 꼽을 수 있다.

1. 주인공은 '나 · 자신'이다

당신이 그린 스토리의 주인공이 나 자신인지 반드시 확인하자. 앞의 예에서 '모임에 저 옷을 입으면 좋겠다!', '작년에 걸칠 만한 웃옷이 없어서 추웠다' 하는 스토리는 어디까지나 '내가 생각하고 내가 입는다'는 것을 기본으로 한다.

그러나 '30퍼센트 할인하는 김에 하나 사 두면 편할 것 같다', '저 옷, 요즘 유행하던데 괜찮아 보인다' 하는 스토리의 경우 ‘가게’, 옷을 입고 있는 ‘점원’, 유행을 알려 주는 ‘매스컴’이 주인공이 되고 만다. 특히 점원의 맹렬한 세일즈 토크에 말려서 구입하는 경우가 전형적인 예다. 자신이 주인공이 아닌 스토리밖에 그릴 수 없는데도 “잘 어울려요!”, “더 이상 재고가 없어요” 하는 말을 들으면 우리 뇌는 멋대로 스토리를 고쳐 쓰면서 이렇게 생각한다.

‘그래, 사실은 이런 옷도 어울릴지 몰라.’

‘지금 사지 않으면 후회할 거야.’

게다가 그렇게 해서 구입한 물건을 괜히 샀다고 후회하더라도 ‘점원이 강력하게 권했기 때문이야’ 하며 다른 사람에게 그 책임을 돌리는 경향이 있다. 이래서는 자신이 주인공인 스토리를 그릴 수도 없으며 돈을 쓰고 나서도 만족하기 힘들다.

따라서 무언가에 돈을 지불할 때 ‘이게 나의 판단인가?’ 하고 확인하는 것은 곧 소비를 통해 올바른 돈 사용법을 습득하는 비결이라 할 수 있다.

2. ‘언제’ ‘어디서’ ‘누구와’ 사용할지 구체적으로 그릴 수 있다

정말 갖고 싶은 물건만 구입할 수 있으려면 자신이 상상한

**오늘도 돈으로
행복을 샀다**

스토리가 '구체적'이어야 한다. 이를 파악하기 위해서는 그것을 언제, 어디서, 누구와 사용할지 생각해 보면 된다.

예를 들어, 당신이 브랜드 로고가 크게 들어가 있고 디자인이 화려한 가방을 구입한다고 상상해 보자. 절대 그런 물건은 사지 않는다는 사람이라면, 받았을 경우를 가정해 보자. 당신은 다음과 같이 다양한 생각을 떠올려 볼 수 있다.

'이 가방을 어떤 상황에서 사용할 수 있을까?'

'내가 이 가방을 자주 사용할까?'

'이 가방에 어울리는 옷이 있나?'

'이렇게 화려한 가방을 들고 갈 만한 곳을 평소에도 드나들고 있나?'

이처럼 스토리를 구체화하는 과정에서 스토리가 합리적이지 않다고 생각된다면, 공짜로 받는다고 해도 그것은 낭비다. 자리만 차지할 뿐 제대로 활용하지 못할 가능성이 높다.

반면에, 예복이나 상복에 맞춰서 들 수 있는 검은색 가방이라면 어떨까? 사용 빈도는 낮을지 몰라도 어울리는 옷도 정해져 있고 언제, 어디서, 누구와 사용할지도 머릿속에 대충 그려볼 수 있다. 이런 경우에는 마음에 드는 물건을 발견해 그 자리에서 구입하더라도 '낭비'였다며 후회할 확률은 낮다. 단, 여러 개가 필요하지는 않으므로 전혀 갖고 있지 않을 경우에 한해서만 구입하면 된다.

3. '허영'이나 '대가'에 휘둘리지 않는다

후회하지 않는 소비를 위해서는 남의 시선으로부터 자유로워져야 한다.

자신이 갖고 있는 물건에 대하여, 어쩔 수 없이 우리에게는 허영심이라는 것이 작용한다. '저 옷을 입으면 멋져 보일 것 같아,' '저 사람도 갖고 있는데…… 질 수 없지' 하는 생각은 누구나 많든 적든 갖고 있다.

예를 들어 신형 스마트폰이 발매되었을 때를 상상해 보자. 자신이 갖고 있는 기종도 사용하는 데 딱히 불편함은 없어서 굳이 바꾸지 않아도 되는 상황이다. 하지만 새것으로 구입하고 싶은 기분이 들지 않던가?

만일 이런 때에 '남보다 먼저 최신 기기를 갖고 싶다'와 같이 허영심 섞인 스토리를 그리고 구입한다면, 그것은 분명 낭비다. 물론 새것으로 바꾼 직후에는 만족스러울 수 있다. 하지만 어떤 기종이든 결국에는 구형이 된다. 그러면 또다시 신제품이 갖고 싶어질 것이다. '새 기종의 특정한 기능으로 일의 효율을 높이자'와 같은 스토리를 그릴 경우라야 비로소 그 지출은 의미를 갖는다.

또 다른 예로, 이성에게 줄 선물을 구입하려는 상황을 가정해 보자.

'이 선물로 그녀의 마음을 움직이고 싶어.'

'이걸 주면 분명 나에게 관심을 가져 줄 거야.'

만약 이러한 의도로 값비싼 물건을 선물한다면 그것은 허영이다. 물건으로 사람의 마음을 움직이려는 것은 많은 경우에 실패하기 때문에 결국 후회를 낳는다.

그러나 똑같은 선물이지만 '그 사람에게 어울릴 것 같아' 하는 스토리를 그린 경우라면, 대가를 기대하지 않는 순수한 기분으로 돈을 지불했다고 볼 수 있다. 따라서 낭비였다는 생각은 들지 않을 것이다.

이처럼 다른 사람과 비교하는 스토리가 아니라 다른 사람을 기쁘게 해 주는 스토리를 그린 경우, 그 돈은 의미 있게 쓰였다고 할 수 있다.

02

제대로 구입했는지 확인해 보자

정말 갖고 싶은 것을
찾는 연습

평소 자신이 '정말 갖고 싶은 것'을 얼마나 제대로 구입할 수 있는지, 구입한 물건이 정말 스스로가 원했던 것이 맞는지 간단한 방법을 통해 확인해 보자.

여기서는 두 가지 '상황'과 각 등장인물의 '스토리(그것이 갖고 싶다고 생각한 이유, 돈을 지불하고 싶다고 생각한 이유)'를 준비했다. 상황별로 어떤 스토리의 만족도가 높고 어떤 스토리가 후회할 가능성이 높은지 예상해 보자.

상황 1: 기념일날, 특별한 레스토랑에 갔다

당신은 연인과의 기념일에 '미쉐린 가이드(프랑스의 타이어 회사인 미쉐린사가 발간하는 여행 및 호텔·레스토랑 전문 안내서)'에서 별 세 개를 받은 레스토랑에 갔다.

이 레스토랑을 선택한 이유에 대해 각각 다음과 같은 세 가지 스토리를 머릿속에 그렸다고 해 보자. 이후 당신은 그 지출을 두고 크게 만족할까, 아니면 낭비했다며 후회할 가능성이 높을까? 즉 각각은 올바른 스토리일까, 잘못된 스토리일까?

스토리 1: 다양한 요리를 접해 보고, 맛있는 프랑스 요리를 먹어 보고 싶다.

스토리 2: 이 사람(일행)과 맛있는 요리를 먹으면서 대화를 나누고 싶다.

스토리 3: 미쉐린에서 별을 받은 레스토랑이라고 하니 한번 가 보고 싶다.

상황 2: 가게에서 마음에 드는 옷을 발견했을 때

서른 살의 싱글 남성 A씨, 가끔 하는 쇼핑이 삶의 즐거움이다. 어느 날 그는 쇼핑을 하다 마음에 드는 재킷을 발견했다.

이때 그는 다음과 같은 세 가지 스토리를 머릿속에 그리고 재킷을 구입했다. 이후 그는 이 지출을 두고 만족할까?

스토리 1: 이 옷을 입으면 다들 나를 멋있다고 생각할 것이다. 덕분에 좋은 여자도 만날 수 있다면 좋겠다.

스토리 2: 이런 옷도 입을 수 있는 멋진 남자가 되고 싶다.

스토리 3: 이 옷은 조금 비싸지만 출퇴근용 가방과 잘 어울린다.

상황 1의 해답 : 선택 기준이 '나'에게 있는가

'상황 1'의 경우, 보다 만족도가 높은 것은 '스토리 1'과 '스토리 2'이며 후회하기 쉬운 것은 '스토리 3'이다.

'스토리 3'은 레스토랑의 선택 기준을 타인에게 맡긴 셈이 된다. 따라서 만일 그곳의 요리가 기대했던 만큼이 아닐 경우 '평점이 높아서 왔는데 돈만 낭비했어!' 하며 후회하게 된다. 반면에 '스토리 1'과 '스토리 2'라면, 예를 들어 요리가 맛있지 않았을 경우 아쉽거나 동행한 상대에게 미안해질 수는 있다. 그러나 선택 기준이 다양한 경험이나 맛있는 음식을 먹으며 상대방과 대화하는 경험에 있기 때문에 손해라는 생각까지는 들지 않을 것이다. 즉 후회할 가능성은 낮다.

상황 2의 해답
: '멋지다'고 생각하는 주체는 누구인가

'상황 2'의 경우, 만족도가 높아지기 쉬운 것은 '스토리 2'와 '스토리 3'이다. 안타깝지만 '스토리 1'과 같은 이유로 구입했다면 만족감은 거의 얻지 못할 가능성이 높다.

그런데 '스토리 1'은 '스토리 2'와 비슷해 보이지 않는가?

언뜻 두 가지 모두 올바른 스토리 같은데, 왜 다른 것일까?

'스토리 1'과 '스토리 2'의 가장 큰 차이는 '멋있다'고 생각하는 '주체'가 누구인가 하는 점이다. '스토리 1'의 경우 '멋있다'고 생각하는 주체가 내가 아닌 다른 사람이다. 게다가 그 상대도 구체적으로 누구인지 상상하지 않아서 판단 기준을 정확히 알 수 없다. 이래서는 나중에 '왜 이런 옷을 샀지?' 하며 후회하게 된다.

반면에 '스토리 2'처럼 '멋진 남자', '멋진 남자가 된다' 하는 식으로 자신이 판단한 경우, 이는 그 시점에서 이미 나 자신의 기준에 적합한 것이 된다. 따라서 후회로 이어질 확률은 낮다.

또한 '스토리 1'에서는 '좋은 여자를 만나고 싶다'라는 부분을 좀 더 구체적으로 만들 필요가 있다. 좋은 여자를 만난다는 것은 A씨에게 어떤 의미일까? 보다 많은 여성들이 그에게 관심을 갖는 것일까? 아니면 애인이 생긴다는 것일까?

구체적인 스토리를 그릴 수 없다면, 나중에 그 스토리가 실제로 이루어졌는지 아닌지도 제대로 돌아볼 수가 없다.

한편으로 '스토리 3'을 살펴보면, A씨가 이 재킷 외에도 출퇴근용 가방에 어울리는 재킷을 많이 갖고 있는 경우를 제외

하고는 후회하지 않을 것이다.

좋은 무언가를 발견했지만 가격이 예산을 초과할 때, 흔히 우리는 낭비를 줄이겠다는 생각으로 '그와 비슷하지만 좀 더 저렴한 것'을 찾으려 한다. 그러나 이런 태도야말로 낭비의 원인이 된다. 정말 갖고 싶은 것도 아닌데 다른 것으로 타협하다 보니 쇼핑으로 얻을 수 있는 만족감이 낮아진다. 게다가 구입한 물건도 무의식적으로 마구 다룬다. 소중히 사용하지 않으면 물건의 수명은 쉽게 단축되고, 망가지기 마련이다. 그 물건을 다시 사야 한다면 저렴하게 구입하는 행위는 도리어 역효과를 낼 뿐이다.

정말 갖고 싶은 것, 정확히 스토리를 그릴 수 있는 것을 구입하자. 그리고 그것을 조심스럽게 오래 사용하는 자세가 결국 낭비를 막는 비결이다. '스토리 3'의 경우에도 예산보다 높은 금액을 지출해 구입한 만큼 소중히 다루면 오랫동안 사용할 수 있지 않을까?

놀이공원의 이용료 인상과 손익 계산

한 유명 놀이공원이 최근 몇 년 동안 이용료를 매해 인상했다는 보도가 있었다. 놀이공원을 좋아해서 가는 사람이든, 특별한 날 가족 또는 연인과의 관계를 위해 가는 사람이든 매우 놀랄 만한 뉴스였다.

그런데 이용료 인상에도 불구하고 놀이공원을 찾는 사람들의 수는 증가했다고 한다. 요금을 올려도 이용객이 증가한다니, 대체 어떻게 된 것일까?

많은 사람들은 놀이공원에 갔을 때 이용료가 생각보다 비싸도 그것을 낭비라고 느끼지 않는다. '그 놀이공원에서 자신이 즐기는 스토리'를 순간적으로 그릴 수 있기 때문이다.

그렇다면 예를 들어 놀이공원에 가기 싫다는 여자 친구를 억지로 데려간 남자의 경우는 어떨까? 당연히 자신이 즐기는 스토리가 떠오르지 않으므로 이를 '낭비'라고 생각할지도 모른다. 하지만 '억지로 데려오긴 했어도 여자 친구를 즐겁게 해 줄 수 있어서 행복하다'는 스토리를 그렸다면? 절대 낭비라고 생각하지 않을 것이다.

비슷한 예로, 자녀가 조르는 바람에 휴일에 마지못해 아이를 데리고 놀이공원에 간 아버지의 경우를 생각해 보자. 그는 모처럼 집에서 쉴 수 있는 날 외출이 귀찮았을 수도 있지만, 신나게 노는 아이의 모습과 돌아와 곤히 잠든 얼굴을 보면 문득 행복을 느낄 것이다.

이런 점 때문에, 놀이공원을 찾은 대부분의 사람들은 '낭비'라는 생각 없이 그곳에서 시간을 보낸다. 그렇기는 해도 이용료가 계속 인상된 것은 사실이니, 너무 자주 놀이공원을 방문하거나 기분에 들떠 과한 지출을 하지 않도록 주의하자.

03

자기 투자와 낭비는 종이 한 장 차이

스토리가
인생의 만족도를 바꾼다

돈 사용법을 '스토리'라는 관점에서 보면, 똑같은 데에 똑같은 돈을 써도 그것이 쓸데없는 행위(낭비)가 되기도 하고 자신을 위한 행위(자기 투자)가 되기도 한다.

예를 들어 B씨, C씨, D씨가 다음과 같이 말했다고 해 보자.

B씨 : 저는 자기 투자를 위해 영어 회화 학원에 다녀요.

C씨 : 저는 자기 투자를 위해 골프 교실에 다녀요.

D씨 : 저는 자기 투자를 위해 술집에 다녀요.

각각의 말만 놓고 보면 아마도 많은 사람들이 'B씨는 자기 투자, D씨는 낭비, C씨는 그 경계선 정도'라고 생각할 것이다.

그러나 이것들은 전부 자기 투자가 될 수도, 낭비가 될 수도 있다. 예를 들어 B씨의 경우 '영어를 배워서 비즈니스에 활용하겠다'라는 생각이라면 이의 없이 자기 투자이지만, 진지하게 영어를 배울 의지가 없거나 단순히 주위 분위기에 휩쓸려서 다니는 것이라면 당연히 낭비다.

반대로 D씨의 경우는 단순히 자신의 욕구를 충족시키려는 목적이라면 낭비라 하겠지만, 예를 들어 음식점을 운영하고 싶다거나 고객 서비스를 색다른 관점에서 배우겠다는 스토리를 그리고 있다면 자기 투자가 된다.

결국 어떤 식으로 돈을 사용하든, 자신이 그리는 스토리에 따라서 자기 투자가 될 수도 있고 낭비가 될 수도 있다. 자신의 지출이 낭비인지 아닌지 확인하기 위해서는 이처럼 '스토리'로 따져 보는 과정이 반드시 필요하다.

04

애써 배운 돈의 원칙을 지키는 법

인지 편향의
문제점

앞의 '상황 1'과 '상황 2'에서 당신은 정답을 맞혔는가? 이런 문제를 '간단하다'고 생각할 수 있어야 한다. 왜냐하면 쇼핑에는 '산다·사지 않는다'라는 자기 자신의 판단 외에도 판매자가 설치한 장치, 지갑을 좀처럼 열지 않은 사람조차 사고 싶어지게 만드는 장치가 더해지기 때문이다.

여기에서는 '올바른 스토리'에 '인지 편향'이 어떻게 영향을 미치는지 알아보자.

상황 3: 밸런타인데이, 회사 동료들에게 초콜릿을 줄까?

E씨(여성)는 매해 밸런타인데이가 되면 자신이 다니는 회사의 남성 직원에게 초콜릿을 나눠 준다. 한편, E씨의 동료 F씨(남성)는 매해 E씨에게 초콜릿을 받기 때문에 화이트데이가 되면 그 보답으로 E씨에게 사탕을 준다.

E씨, F씨가 각각 다음과 같은 기분으로 밸런타인데이와 화이트데이를 맞는다면 이는 올바른 스토리라고 할 수 있을까?

스토리 1(E씨의 심경): 모두에게 신세를 지고 있으니, 올해도 초콜릿을 나눠 주자.

스토리 2(E씨의 심경): 작년에도 줬는데 올해 갑자기 안 주기도 그렇고…… 어떤 초콜릿이 좋을까?

스토리 3(F씨의 심경): 매년 E씨가 주는 초콜릿, 맛있어. 올해 사탕 선물은 좀 더 신경 쓰자.

스토리 4(F씨의 심경): 나만 사탕을 안 주면 남들 보기에 좀 그렇지. 잊지 말고 사자.

상황 3의 해답
: 덫에 유의할 것

어느 스토리가 바른지 알겠는가?

'스토리 3'이 바르고 나머지는 전부 틀렸다고 대답한 사람은 스토리에 관한 이해도가 높은 편이라고 할 수 있다. 그러나 사실 이 상황은 전부 인지 편향에 의해 '바꿔 쓰인 스토리'다.

기업의 수많은 광고들, 또 '기간 한정 수입 초콜릿' 등의 문구에 영향을 받은 우리는 '2월 14일은 밸런타인데이이기 때문에 여성이 남성에게 초콜릿을 주는 날', '3월 14일은 화이트데이이기 때문에 남성이 여성에게 사탕을 주는 날'이라고 생각한다.

하지만 이는 과연 나 자신이 만들어 낸 스토리일까? 상대방을 정말로 좋아한다고 해도, 그 사람에게 초콜릿이나 사탕을 꼭 주고 싶어서라기보다는 '그런 이벤트가 있으니까' 선물한다는 이들도 있다. 그렇다. 밸런타인데이가 아니어도 사랑하는 사람에게 초콜릿을 선물하는 경우가 과연 얼마나 되겠는가.

물론 초콜릿을 주고 사탕을 받는 것이 낭비라고 말하고 싶지는 않다. 나도 초콜릿을 받으면 기분이 좋을뿐더러 그 답례로 사탕을 전하곤 한다. 하지만 이렇게 인지 편향으로 왜곡된 스토리를 '내가 그린 스토리'라고 맹목적으로 믿으면, 언젠가는 '낭비'로 인식하고 후회할 가능성이 높다.

밸런타인데이만큼 대대적이지는 않지만, 그 밖에도 많은 상황에서 이러한 인지 왜곡이 활용되어 스토리가 바뀌어 쓰인다. 물론 우리 뇌의 버릇을 이용해서. 정말 무서운 일이다.

뇌의 인지 왜곡을 알아차리는 방법

낭비를 줄이려면 이 같은 인지 편향이 작동했을 때 사고력과 논리력, 판단력을 발휘해야 한다.

'이것이 올바른 스토리일까?'

'나의 스토리가 왜곡된 건 아닐까?'

이처럼 확인할 필요가 있다는 말이다.

뇌는 스스로의 버릇에 의해 자각하지 못한 채 자동적으로 스토리를 왜곡해 고쳐 쓴다. 그러나 인지 편향이 작용한다는 사실, 또 뇌가 속고 있다는 사실을 알아채는 것은 절대 어려운 일이 아니다. 인지 편향이 작용할 때 우리는 똑같은 사고방식으로 똑같은 행동을 취하기 때문이다. 그것이 1~3장에서 소개한 '주요 증상'에 해당하는 부분이다.

인지 편향에 현혹되고 있다는 사인을 알아챈다면 우리는 '잠깐, 내가 정말로 올바른 스토리를 써서 돈을 지불하려는 걸까?' 하고 생각하고 지출을 줄일 수 있다.

05

있는 그대로의 자신을 인식하기

메타인지력의
활용

인지 편향과 뇌의 버릇을 자각하려면 '메타인지력'이라는 힘이 필요하다.

메타인지력이란 뇌과학 분야의 용어로, 자신의 인지 활동(기억·사고·기분 등)을 객관적으로 인식해 그 행동을 제어하는 힘을 말한다. 쉽게 말해 자신의 행동과 사고를 객관적으로 볼 수 있는 능력이다.

자동차 운전을 예로 들어 보면 쉽게 이해할 수 있다. 메타인지력이 낮은 사람이 차를 운전하면 어떻게 될까? 자신의 행동과 주변 상황을 객관적으로 볼 수 없으므로 급할 때는 제한속도도 지키지 않고 액셀을 밟고, 황색 신호에도 교차로로 돌진한다. 혹은 고속도로의 추월 차선에서 최저속도를 간신히 유지할 만큼 느리게 달리는 사람도 있다. 그런 태도에 주위 운전자들은 짜증도 나고 불안하기까지 한데, 메타인지력이 낮은 사람은 이 같은 상황을 전혀 눈치채지 못한다.

안전 운전을 하기 위해서는 다른 차가 어떻게 달리는지, 자신이 다른 운전자에게 피해를 주지 않는지 생각해야 한다. 이처럼 자신과 주위 상황을 객관적으로 보는 힘이 '메타인지력'이다.

돈이 없는 이유를 바르게 인식하라

지금 당장은 경제적으로 어렵더라도, 메타인지력이 있는 사람이라면 이 책을 통해 쇼핑에 감춰진 덫과 스토리 쓰는 방법을 알게 되어 앞으로 보다 의미 있게 돈을 쓸 수 있다. 반면, 메타인지력이 부족한 사람은 스스로를 객관적으로 바라볼 수 없기 때문에 아무리 낭비를 해도 자신의 지출 가운데 무엇이 낭비인지, 또 어디서 자신이 스토리를 잘못 썼는지 알지 못한다. 오히려 다음과 같이 생각한다.

'수입이 적은데도 생활이 가능한 건 내가 돈을 잘 운용해서 꾸려 나가기 때문이야.'

'남편(아내)이 돈을 더 벌어 와야 해!'

이래서는 돈이 늘 부족한 원인이 무엇인지 영원히 파악하지 못할 것이다. 또한 이런 사람은 갖고 싶은 것을 항상 충동적으로 사 버리기 때문에, 결과적으로 자신의 소비를 후회하는 경우가 많다. 일상생활에 드는 비용도 다른 사람보다 많아서 일시적인 수입이 생겨도 전혀 돈을 모으지 못한다.

돈은 수단일 뿐, 구두쇠 인생은 재미없다

만일 자신의 메타인지력이 낮다고 판단될 경우 그것을 인내심으로 해결하려 해서는 안 된다. 스스로 스토리를 그리는 훈련을 반복하고, 그 결과 구입한 것들로만 생활해야 나만의 풍요로운 삶을 살 수 있다. 거기에는 인내도 절약도 필요하지 않다.

올바른 스토리를 그릴 수 있는데도 '절약해야 한다'는 생각에 무언가를 구입하지 않았다면, 샀을 때와는 또 다른 후회를 할 것이다. 매일이 무미건조해져서 옷차림에도 신경 쓰지 않아 자기 관리에 소홀해진다.

돈은 살아가는 데 꼭 필요한 것이지만, 그렇다고 모든 욕구를 참으면서까지 저축해야 할 필요는 없다. 돈은 정말 갖고 싶은 것을 사기 위한 수단이지, 돈을 모으는 행위 자체를 목적으로 해서는 안 된다.

'아무래도 나는 나 자신을 객관화하는 힘이 약한 것 같아.'

지금은 이 같은 사실을 깨닫는 것이 중요하다. 철학자 소크라테스 역시 다음과 같은 유명한 말을 남겼다.

"나는 내가 모른다는 것을 안다."

이른바 '무지無知의 지知'다. 그만큼 자신의 메타인지력이 어느 정도인지 아는 것은 쉽지 않은 일이다.

메타인지력도 훈련으로 높일 수 있다

뇌의 관점에서 설명하자면, 메타인지를 담당하는 것은 이마쪽에 위치한 전두엽의 앞쪽 절반에 해당하는 전전두엽prefrontal area이다. 다른 동물에 비해 매우 발달해 있는 인간의 전전두엽에서는 사고와 판단, 분석 등이 이루어지는데, 이는 경험과 훈련으로 단련이 가능하다. 마치 갑자기 어려운 수학 문제를 접하면 이를 풀지 못하지만, 해법을 배우고 연습 문제를 풀다 보면 유사한 문제를 해결할 수 있게 되는 것과 같다. 이처럼 메타인지력 또한 단련할 수 있다.

메타인지력을 높이고 싶다면 스스로를 '신의 시점'으로 보는 습관을 갖자. 자신이 무심코 한 행동, 그날 일어난 일 등을 신이 바라보듯이 '왜 그랬는가?' 혹은 '어떤 일이 있었는가?' 하는 질문을 토대로 돌아본다면 메타인지력을 높일 수 있다. 구체적으로는 다음과 같은 방법이 효과적이다.

- 무심코 웃은 일이 있을 때 왜 웃었는지 분석해 본다.

• 잠들기 전에 일기를 쓴다.

단, 일기를 써 보라고 권하면 개중에는 "오늘도 평소와 다름없는 하루였다" 하는 식으로 쓰는 사람들이 있는데, 그것은 자신을 객관적으로 보지 못한다는 증거다. 어제와 오늘 사이에는 반드시 차이가 있다. 그 변화를 객관적으로 찾아보자. 또 소설이나 드라마에서 주인공이 어떤 사건이 휘말렸을 때, 만약 나라면 어떻게 해결해 나갈지 생각해 보는 것도 메타인지력을 단련할 수 있는 역逆 접근법이다.

일단 메타인지력을 습득하면 다양한 상황에서 이를 응용할 수 있다. 자동차 운전과 돈 사용법뿐만 아니라 감정 정리, 건강 관리까지 적용이 가능하다. 또한 업무 관리나 직장에서 부하 직원을 관리하고 지도하는 데에도 유용하다.

경제적인 낭비를 막는 것 외에도 이처럼 여러모로 도움이 되는 만큼, 메타인지력을 높이는 것으로 보다 여유 있는 인생을 살 수 있다.

(그저께) 오후 12:13

신용카드(3*1*) 승인 김**님
23,000원 일시불 000
05/08 12:13 누적 00,000…

(어제) 오후 4:27

신용카드(3*1*) 승인 김**님
14,500원 일시불 000
05/09 16:27 누적 00,000…

(오늘) 오후 21:04

신용카드(3*1*) 승인 김**님
27,000원 일시불 000
05/10 21:04 누적 00,000…

열심히 산(buy)다는 건
열심히 산(live)다는 것

메타인지력이 낮은 사람을 위한 세 가지 절약 요령

아직은 스토리를 그려서 쇼핑을 할 수 있는 단계가 아니라면, 그 전까지는 나도 모르게 지갑이 열리지 않도록 자신을 잘 방어해야만 한다.

1. 현금 중심주의 - 신용카드를 사용하지 않는다

지갑에서 돈이 줄어드는 것을 눈으로 직접 확인할 수 있도록 현금을 사용하자. 그러면 돈을 내기 전에 좀 더 꼼꼼히 생각하게 되는 경향이 있다. 금전 감각을 키우고 싶거나 과소비를 하고 싶지 않을 때는 현금으로 지불하는 것이 좋다.

신용카드의 경우에는 리볼빙(카드 대금 중 일정 비율만 결제하면 나머지 금액은 대출 형태로 전환되어 자동 이월되는 결제 방식)에 주의해야 한다. 평소라면 구입을 주저했을 금액도 이 방식을 통하면 부담이 적다고 느끼게 되기 때문이다. 예를 들어 50만 원짜리 상품을 '5만 원씩 10개월 할부' 조건이라면 쉽게 구매하게 되는 것이다. 이를 심리학 용어로 '프레이밍 효과Framing Effect'라고 한다. 게다가 이런 결제 방식에는 이자가 붙는 경우가 많아서 최종적으로는 지불하는 금액이 증가한다.

2. 숙성법 - 충동적으로 갖고 싶은 것은 3일간 기다린다

갑자기 무언가를 사고 싶어졌을 때는 시간을 두고 생각해 보자. 예를 들어, 어떤 물건을 구입하고 싶다면 사고 싶어진 그 날은 가격만 확인하고 돌아온다. 이튿날, 여전히 사고 싶으면 자신이 그린 스토리를 확인한다. 사흘째인 그다음 날, 여전히 멋진 스토리를 그릴 수 있거든 그때 구입한다. 이 과정을 거치면 일단 후회는 하지 않을 것이다.

그런데 그 전에 물건이 다 팔려 버리면 어떻게 해야 할까? 다음 기회를 기다리자. 대개는 같거나 혹은 그보다 더 좋은 물건을 만날 수 있다.

또 '점원이 권해서 거절할 수가 없었다' 하는 마음 약한 사람의 경우, 조금은 과격한 방법이지만 아이쇼핑을 할 때 아예 지갑을 갖고 가지 않도록 한다.

3. 사재기 금지 - 싸다는 이유로 구입해선 안 된다

값싼 물건, 가격 대비 양이 많은 물건 등을 마구 사들이는 사람이 있다. 그러면 재고가 늘어나서 생활공간이 좁아진다. 또 물건이 많으면 정리나 수납을 하기도 어려우니 자연스럽게 집 안도 어질러진다.

가끔 뉴스에서 '쓰레기 집' 등의 소갯말과 함께 관련 화면이 등장할 때가 있다. 다른 사람의 눈에는 쓰레기에 불과한데 그곳에 사는 집주인은 전부 '필요한 물건'이라며 버리기를 거부하곤 한다. 이런 모습은 그저 값이 싸다는 이유로 사재기하는 행위의 연장선에 있다는 사실을 기억하자.

MAKE
MONEY

· 5장 ·

저절로 돈이 모이는 뇌 습관

부자 수업

나만의 돈 쓰기 기술로 행복 찾기

: 긍정적 소비가 인생을 바꾼다

이 장에서는 돈을 자신에게 맞게 제대로 씀으로써 진정한 자유와 자신만의 인생을 살 수 있는 방법들을 전한다. 그리하여 무턱대고 돈을 쓰고 마는 낭비나, 무조건 사고 싶은 걸 참는 절약이 아닌 자신에게 도움이 되는 소비를 통해 삶의 행복과 돈의 만족도를 채울 수 있다.

그 외에도 시간을 어떻게 써야 하는지, 인생이 풍요로워질 수 있는 궁극적인 방법이 무엇이 있는지 알아보고자 한다.

01

값싸게 산다고 좋은 것은 아니다

아웃렛과 후쿠부쿠로의 교묘한 전략

우리 일상에는 세일과 아웃렛을 비롯해 '저렴하다는 생각에 가능한 한 많이 사게 만드는' 장치들이 넘쳐 난다. 특히 아웃렛 몰이 전국적으로 생겨나면서 옷은 아웃렛에서만 산다는 사람들도 있다.

그러나 이런 곳을 이용하는 것이 꼭 '이득'은 아니다. 일반 매장에서 판매하는 상품의 재고나 전시 상품만 있는 것이 아니라 아웃렛 전용 상품도 판매하기 때문이다.

과거에 아웃렛은 취급하는 상품의 대부분이 특정 브랜드에서 기존에 팔던 상품 자체였다. 이런저런 이유가 있다고는 하지만 어쨌든 통상적인 가격보다 저렴하게 살 수 있기에, 마음에 드는 제품이 있으면 품질에 관해서는 염려할 필요가 없었다.

그러나 아웃렛 전용 상품이 생겼다면 이야기가 조금 달라진다. 소재나 디자인 면에서 통상적인 상품보다 질이 떨어질 가능성이 높기 때문이다. 이 점을 감안하면 '아웃렛에선 값싸고 질 좋은 물건을 살 수 있다'고 말하기는 쉽지 않다.

러키백은 과연 얼마나 이득일까

또 일본에서는 설날 후쿠부쿠로(신년, 혹은 행사나 매장의 첫 발매 시에 여러 가지 물건을 넣고 봉하여 각자 고르게 하는 복주머니, 이른바 '러키백')가 대유행이라는 뉴스가 보도되었다. 자신이 노리는 후쿠부쿠로를 구입하려고 미리 번호표를 받으러 매장을 방문하거나 아예 꼭두새벽부터 줄을 서는 사람도 있다고 한다.

합리적으로 생각하면, 주머니 안의 내용물이 무엇인지 모르는 경우에는 이를 사지 않는 것이 타당하다. 그렇다고 자신의 운을 시험하기 위해 구입하는 것만도 아닌 듯하다. 사람들은 왜 후쿠부쿠로에 매력을 느낄까?

과거에 일본의 후쿠부쿠로는 지금보다 '재고 처분'의 의미가 강했다. 대부분 불필요한 물건들로, 그중 가끔 갖고 싶은 것이 들어 있으면 행운이라 생각하는 정도였다. 내용물도 보이지 않는 처분용 재고를 일부러 살 이유가 없었다. 그래서 사람들은 후쿠부쿠로를 멀리했고 관련 매출도 일시적으로 떨어졌다.

그러자 기업들은 후쿠부쿠로에 다른 의미를 부여하기 시작했다. '콘셉트'라는 부가가치를 부여해서 이를테면 '이 후쿠부쿠로에는 완벽하게 코디된 양복 한 벌이 들어 있다', '○세 어린이 용품 한 세트가 모두 들어 있다' 하는 식으로 생활양식을 제안하기에 이르렀다.

이제는 내용물의 품질도 나쁘지 않다. 그도 그럴 것이 소비자에게 주는 인상이 강할수록 TV와 잡지 등의 매체에 특집으로 보도되고, 그 자체가 홍보 효과를 가져오면서 다른 상품들도 구입하는 고객들이 생겨나는 등 후쿠부쿠로 자체로 이익을 내지 않아도 되었기 때문이다.

게다가 과거에는 후쿠부쿠로에 필요 없는 물건이 들어 있으면 이를 버리거나 지인에게 줄 수밖에 없었는데, 요즘에는 인터넷 옥션 등을 통해 되파는 것이 가능하다. 이런 점을 생각하면 후쿠부쿠로 구매로 인한 실패 확률이 줄었다고 할 수 있다.

어떤 '나'가 되고 싶은지 생각하라

그럼 '후쿠부쿠로는 이득이니까 사는 것이 좋다'고 할 수 있을까? 초점을 돈 이야기로 좁히면 분명 손실이라고는 할 수 없지만, 구입을 권하고 싶지는 않다. 그 이유는 다음과 같다.

1. 소요되는 수고와 시간

줄을 서는 시간과 수고로움도 비용으로 환산해야 한다. 특히 신년 맞이 행사일 경우 매우 추운 날씨에 대기해야 한다. 만약 다른 사람을 고용해 대신 줄을 서게 한다면 수만 원이 들 것이다. 물론 자신이 줄을 서는 것 역시 그만큼의 비용으로 환산해서 생각할 수 있어야 한다.

2. 내가 되고 싶은 나의 모습에 가까워질 수 있는가?

'갖고 싶은 것이 들어 있는지 아닌지 모르는 주머니'를 사기 위해 이른 아침부터 줄을 서서 한참을 기다리는 자기 자신을 상상해 보자. 개인의 가치관이니 뭐라 할 수는 없지만, 그 모습이 당신이 '되고 싶은 나'인가 하는 시점에서 한 번쯤 바라볼 필요가 있다.

또 애초에 자신이 정말로 갖고 싶었던 색깔, 디자인, 사이즈의 제품이 들어 있는 경우는 극히 드물다. 만약 그것이 옷이라면, 당신은 원래는 갖고 싶지 않았던 옷들로 치장하고 그저 기업이 제안한 패션을 수용하는 셈이 된다. 이럴 경우 정말로 만족스러울지 생각해 보자. 그런 옷은 옷장 안에서 잠자는 신세가 되지 않을까?

이처럼 다른 사람이 선택해 둔 것을 굳이 그대로 사기보다는, 자신이 그린 스토리에 어울리는 상품을 제값에 구입해 오랫동안 소중히 이용하는 것이 궁극적으로는 낭비하지 않고 돈을 모으는 방법이다.

3. 다음 낭비의 계기가 된다

예를 들어, 후쿠부쿠로에 들어 있는 셔츠가 다행히 당신에게 사이즈도 딱 맞고 색깔과 디자인도 마음에 들었다고 해 보자. 그 경우, 이번에는 거기에 맞춰서 입을 다른 옷이 문제가 된다.

후쿠부쿠로를 통해 구매한 상품은 자신이 평소 즐기는 스타일이 아닐 확률이 높기 때문에 거기에 맞는 또 다른 아이템이 필요해진다. 그런 이유로 하나둘 구입하다 보면 결국 지나치게 많이 사들이게 된다.

또 후쿠부쿠로라는, '내가 직접 스토리를 그리지 않는 쇼핑'을 반복하면 일상에서의 다른 구매에서도 스토리를 바르게 그리지 못한 채 구입하는 버릇이 생긴다. '뭐든 좋으니까 사고 싶다'는 발상이야말로 도파민에 의한 가벼운 의존증(35쪽 참고) 초기 증상이다.

여기서 나는 후쿠부쿠로의 구입을 권하지 않는 이유를 들었지만, 어떤 것이 좋으며 또 어떤 자신이 되고 싶은가는 사람마다 다르다. 따라서 자신이 그린 스토리에 맞는 돈 사용법이라고 생각한다면 어떤 식으로 쓰든 그 돈은 절대 낭비가 아니다.

아웃렛과 세일 상품, 후쿠부쿠로를 어떻게 이용할지에 대해서 지금까지 설명한 내용을 바탕으로 다시 생각해 보자.

02

시간도 돈이다

돈을 효과적으로 쓰는 사람은
시간을 효과적으로 쓰는 사람

'돈을 낭비하지 말자'고 다짐했을 때 흔히 빠지기 쉬운 함정이 있다. 얼마 안 되는 돈을 아끼느라 시간을 낭비하는 행위다. 예를 들어, 택시로 5분 걸리는 거리를 30분 걸려서 걸어가는 경우다. 건강을 위해서 또는 걷는 것을 좋아한다는 이유라면 모를까, 출근할 때 이렇게 하다가 지각이라도 한다면 그것은 분명 낭비다.

돈 이상으로 낭비해서는 안 되는 것이 바로 '시간'이다. 시간 낭비는 돈 낭비보다 더 심각한 문제다. 물론 돈도 낭비하지 않는 것이 좋겠지만, 돈은 얼마든지 다시 벌 수 있다. 그러나 가난한 사람도 부자도 시간 낭비는 절대 만회할 수 없다. 우리 삶에서 시간은 유한하고, 누구에게나 똑같이 하루 24시간이 주어진다. 지금 이 순간은 절대 다시 돌아오지 않는다.

돈도 시간도 강약 조절이 필요하다

"시간은 돈이다"라는 말은 누구나 들어 봤을 것이다. 시간은 돈처럼 귀중하므로 절대 낭비해서는 안 된다는 교훈과 함께 인용되는 표현이다.

그런데 나는 이 말을 단지 시간을 중시하라는 뜻이 아닌, 한 걸음 더 나아가서 '돈을 소중히 할 수 있는 사람은 시간도 소중히 할 수 있다, 반면에 돈을 낭비하는 사람은 시간도 낭비한다'는 의미로 인식해야 한다고 생각한다.

이를테면, 회사에서 퇴근해 집에 돌아와 특별한 목적 없이 계속 TV를 본다고 해 보자. 이것은 시간 낭비다. 게다가 TV로 홈쇼핑을 보다가 무심코 상품을 주문했다면? 이때의 경제적 낭비는 결국 시간을 낭비한 데서 비롯된 셈이다.

이처럼 돈 사용법은 시간 사용법과 연결되어 있다. 돈을 통제하며 쓸 수 있는 사람은 시간 관리에도 뛰어나다.

당신 주위에 아무렇지도 않게 지각하는 사람, '5분 지각은 지각도 아니다'라고 여기는 사람은 없는가? 이렇게 시간관념이 없는 사람은 돈에 대해서도 마찬가지다. '예상보다 5천 원 더 지출했지만 낭비가 아니다'라고 생각한다.

이와 관련해 한 가지 상황을 가정해 보자. 금요일 퇴근길에 당신은 가까운 동료들과 한잔 즐기기로 했다. 특히 주말을 앞둔 저녁이기도 하니, 주중에 열심히 일한 보상으로 동료들과 느긋하게 한잔하고 싶을 것이다. 물론 좋다. 그런데 여기서 시간과 돈을 통제하지 못하고 흥청망청 마신다면 어떻게 될까?

1차, 2차, 3차……, 술자리가 이어질 때마다 시간과 돈을 함께 낭비하게 된다. 그러다 지하철이 끊기기라도 하면 심야 할증이 붙는 택시를 탈 수밖에 없다. 결국 후회하는 흐름에 빠지게 되는 것이다.

물론 자신은 다른 선택을 한다는 사람들도 있을 것이다. '택시를 타는 대신 차라리 지하철 첫차 시간까지 마신다', '아침까지 근처 PC방이나 찜질방에서 기다린다' 하는 경우다. 그러나 생각해 보자. 제시간에 집에 가지 않은 이상, 쓰지 않아도 되는 돈이 새어 나가는 셈이다. 극단적인 방법으로 근처 공원이나 지하철역 또는 버스 정류장 벤치에서 시간을 보낼 경우 비용은 들지 않지만 여러 가지로 위험할 수 있다. 지갑을 잃어버리거나 좋지 않은 사건에 휘말릴지도 모르기 때문이다.

이뿐만이 아니다. 과음을 하거나 제대로 쉬지 못하면 몸에 이상이 생길 수 있다. 그렇게 되면 병원비가 발생하고 일도 쉬어야 할지 모른다. 게다가 전날 마신 술 때문에 휴일을 만족스럽게 보내지 못한다. 이렇듯 시간과 돈은 좋든 싫든 동시에 사라진다.

부자가 되기 위해, 돈을 모으기 위해 모든 즐거움, 모든 낭비를 끊을 필요는 없다. 모순이라고 생각할 수도 있지만 낭비에는 필요한 낭비와 불필요한 낭비가 존재한다(229쪽 참고). 얼굴

한번 보자는 친구의 연락조차 낭비라고 생각해 매번 응하지 않으면, 연락이 끊어지고 친구도 잃고 만다.

단지 여기서 전하고 싶은 것은, 예를 들어 친구의 연락을 받았을 때 스스로 음미해 보지 않은 채 '모처럼 연락이 왔으니까', '거절하기 미안하니까' 하는 마음으로 별생각 없이 만나거나 술자리를 가지지는 말라는 이야기다.

여유로운 마음으로 '지금'을 바라보라

친구가 연락했을 때 무조건 술을 마시러 나가는 것은 언뜻 상대의 기분을 배려한 친절로 보인다. 그러나 정확히 말하면 자기 시간을 스스로 결정하지 못하는 것에 대한 변명일 뿐이다. 그려진 스토리에서 '상대'가 주인공이 되어 있기 때문이다.

예를 들어, 친구가 "실연했으니까 하소연 좀 들어 줘"라고 하더라도 당신이 '내가 친구의 이야기를 들어 줘서 기분전환에 도움이 됐으면 좋겠다' 혹은 '친구에게 힘이 되어 주고 싶다', '실연 내용이 나의 연애에 참고가 될 수 있겠다' 하는 스토리를 그릴 수 없다면 당신에게 그것은 어디까지나 시간 낭비일 뿐이다.

아니, 이 경우에는 단순히 시간 낭비에서 끝나지 않는다. 하소연이나 불평을 듣는 시간은 말 그대로 불쾌한 일에 집중하게 된다. 과거에 일어난, 되돌릴 수 없는 일을 놓고 아무리 말해 봤자 어쩔 도리가 없는 데다, 당신의 스토리에도 전혀 도움이 되지 않기 때문이다.

그렇다고 해서 타인을 염려하거나 배려하는 마음이 모두 낭비라는 것은 아니다. 자신의 타산에 맞지 않으면 행동하지 말라거나, 이득이 아니면 친구도 버리라는 뜻도 아니다. 단지 별생각 없이 흘러가는 대로 이야기를 들으면서 친구가 품은 원망과 후회를 공유하는 행위를 좋은 일이라고 느끼는 것이 문제라는 의미다.

우리는 무심코 과거의 실패나 미래의 불안을 의식한다. 하지만 그에 대해 아무리 끈질기게 생각한다 해도 전혀 소용이 없다. 그러니 오히려 실패나 불안이 있기 때문에 앞으로 닥칠

위기를 예측해 피할 수 있으며, 보다 좋은 스토리를 위해 노력도 할 수 있다고 받아들이자.

자신의 미래가 보다 풍요로워질 수 있도록, '지금'이라는 시간을 사용하자. 그래야만 진정한 의미에서 여유 있는 인생을 살 수 있다.

03

돈 되는 정리 습관

돈, 시간, 공간
관리 방법

낭비가 심한 사람들을 보면, 돈과 시간을 통제하지 못하는 것 외에도 또 하나의 공통점이 있다. 바로, 집 안과 주변을 정리하지 못한다는 사실이다.

"집이 좁고 수납공간이 부족하니 어쩔 수 없어."

"정리해야 한다는 생각은 있지만 시간이 없는데."

이런 말로 쉽게 포기하고 만다. 그런데 잠시 생각해 보자. 정말로 수납공간이 부족하거나 시간 여유가 없기 때문에 집 안이 어질러지는 것일까?

그렇지 않다. 오히려 그 반대로, 집 안이 어질러져 있기 때문에 공간과 시간이 부족해진다. 지금 살고 있는 집의 크기, 수납공간, 그리고 집에서 보내는 시간이 곧 자기 생활의 기준, 즉 내가 가져야 할 물건 양을 결정하는 기준이 되어야 한다.

그런데도 우리 뇌는 미래 예측에 서투른 나머지 무의식중에 돈을 쓰고 만다. 당신의 집에도 필요하다고 생각해서 구입했는데 사용하지 않는 물건이 있지 않은가? 혹은 필요 없는 정도까지는 아니지만 1년 넘게 쓰지 않은 물건이 있지 않은가? 그런 물건들 때문에 수납공간이 부족한 것 아닐까?

지금까지 갖고 있었는데 전혀 사용하지 않은 물건이라면, 그것은 앞으로도 사용하지 않는다. 버리는 편이 나을 수 있다. 만일 몇 년 후에 사용할 기회가 생긴다고 해도, 그런 물건을 보관해 두느라 집 안이 어질러지고 정리가 되지 않는다면 갖고 있는 것 자체가 손해다. 필요할 때 다시 구입하는 것이 현명하다.

집 안 면적의 일정 퍼센트를 불필요한 물건, 또는 사용하지 않는 물건을 놓아두기 위해 쓰고 있다면 그것은 공간 낭비, 집세 낭비다. 예를 들어, 매달 60만 원씩 월세를 내는데 전체 바닥 면적의 5퍼센트에 해당하는 옷장이 불필요한 옷들로 채워져 있다면 매달 3만 원을 낭비하는 셈이다. 그렇게 되면 매년 36만 원을 불필요한 용도에 지불한다는 계산이 된다. 이렇게 해서는 원하는 삶을 살기 위한 돈을 모을 수도 없다.

물건에 집착하지 않는 삶을 향하여

'행운유수行雲流水', 이것은 선禪불교에서 구름과 흐르는 물처럼 무엇에도 얽매이지 않고 집착을 버리는 모습을 나타낸 말이다.

모든 것을 손에 넣어야만 행복한 것은 아니다. 자연처럼 사는 것, 무언가가 '꼭 필요하다'라는 고정관념에서 벗어나는 것이 지금을 사는 우리에게 필요한 마음가짐이다.

물건에 대한 집착에서 벗어나 자신의 소유물을 정리해 보자. 물론 버리는 것에 연연해하며 꼭 필요한 것까지 버려서는 안 된다. 삶을 번잡하게 만드는 물건들을 버리는 대신 필요한 것은 남겨 놓자는 이야기다. 필요하지 않은 물건들 때문에 더 이상 에너지를 쓰지 않아도 된다면 우리에게 중요한 것에 집중할 수 있는 힘도 생긴다.

돈에 있어서도 마찬가지다. 내게 필요하지 않은 물건을 사는 데 돈과 시간 에너지를 쓰지 않고 꼭 필요한 것들을 사는 데 가치 있게 쓴다면 낭비를 줄이고 돈이 오가는 흐름을 정리할 수 있다.

04

가치가 우선이다

행복과 돈의 상관관계

당신은 최근 경제가 호황이라고 생각하는가, 아니면 불황이라고 생각하는가?

아마 많은 사람들이 '리먼 쇼크 전까지는 괜찮았지만 지금은 경기가 어렵다', '한창 호황이었던 때를 생각하면 불황이다'라고 여길 것이다.

실제로 일본의 경우 1990년대 버블 경제의 붕괴와 2008년 리먼 쇼크의 영향이 커서, 그 전까지 '1억 총중류 사회(일본의 전

국민이 중산층이라는 의미)'라 불렸지만 이제는 소득에 격차가 생겼다는 지적도 있다.

그러나 사실은 '예전에는 좋았는데 지금은 그렇지 않다'는 구도는 성립하지 않는다. 물질적으로 보더라도 분명 버블 경제 때보다 현재가 풍요롭고, 일본 국민총생산GDP을 토대로 비교해도 버블 경제 때는 약 400조 엔이던 것이 지금은 500조 엔이 넘는다.

그런데도 '풍요'를 실감할 수 없다면, 이는 대체 어떻게 된 것일까?

2012년, 하버드대학교의 마이클 노턴Michael Norton 교수는 '인간은 돈으로 행복해질 수 없다'는 주제로 논문을 발표해 화제를 불러일으켰다. 연간 수입이 2만 5천 달러(약 2천 700만 원)에서 5만 5천 달러(약 6천 만 원)으로 증가했을 때 행복도는 얼마나 상승할까 하는 연구였다. 결과에 따르면 행복도는 불과 9퍼센트 상승했다.

이 논문에서는 행복해지기 위해서는 손에 얻는 돈의 양보다 그 사용법과 가치를 생각하는 것이 중요하다고 말한다. 특히 경험 · 체험에 사용하거나 다른 사람을 위해 사용하는 것으로 행복감을 얻을 수 있다고 정리하고 있다.

스스로 결정하는 돈 사용법

이처럼 돈이 많아지더라도 그것만으로 행복해질 수는 없다. 반대로 돈이 줄어든다고 해서 불행해지는 것도 아니다. 우리는 돈이 줄면 가난해지는 것이 아니라 '욕망이 커지면' 가난해지고 불행해진다.

물론 인간의 욕망 자체는 절대 나쁜 것이 아니다. 적당히 욕망을 가지면 무언가를 위해 노력하거나 능력을 향상시키는 데에 동기부여가 될 수 있다. 그러나 쉽게 충족할 수 있는 욕망만 좇고 즐거움을 누리는 데에만 돈을 쓴다면, 거기서 얻을 수 있는 것은 하나도 없다. 특히 요즘은 SNS의 보급으로 다른 사람과 자신을 비교할 수 있게 되어 항상 소비가 부추겨지는 만큼, 돈 사용법에 더 유의해야 한다. 돈을 쓸 때는 스스로 생각해서 결정해야 한다.

나의 돈은 내가 그리는 꿈과 희망이라는 스토리를 실현하기 위해 쓰고 모아야 한다. 돈은 목적이 아니라 수단이다. 아무리 돈이 많고 물건이 많아도 그것들이 나를 충족시켜 주지는 못하기 때문이다.

05

선택지를 줄이고 가치 있게 써라

뇌에서 스트레스를 없애는 방법

미국 최초의 흑인 대통령 버락 오바마Barack Obama는 일을 할 때 늘 거의 같은 회색이나 청색 양복을 입는 것으로 유명하다. 이에 관해서 그는 다음과 같이 말했다.

"내가 결정해야 하는 일의 가짓수를 줄인다. 무엇을 먹을지, 무엇을 입을지 결정할 여유가 없고, 그 외에 결정을 내려야 할 것들이 산처럼 쌓여 있기 때문이다."

페이스북 최고경영자 마크 저커버그Mark Zuckerberg도 늘 비슷한 회색 티셔츠와 청바지를 입는다. 왜 매일 똑같은 티셔츠를 입느냐는 질문에 그 역시 이렇게 답했다.

"나는 최대한 단순하게 살려고 노력한다. 가능한 한 다른 모든 의사 결정을 최소화하고 페이스북 커뮤니티를 위한 일에만 집중하고 싶기 때문이다. 아침에 뭘 먹을지, 뭘 입을지 하는 작은 판단은 피로가 쌓이게 하고 에너지를 소모시킨다."

참고로, 그는 자신이 한 말처럼 생활하기 위해 똑같은 티셔츠를 스무 벌이나 갖고 있다고 한다.

우리가 무언가를 생각하고 결단할 때 뇌는 에너지를 소모한다. 물론 앞의 4장에서 소개했듯이 '스토리'를 그릴 때도 뇌는 많은 에너지를 소비한다. 따라서 모든 구매에 스토리를 그리는 것은 에너지 낭비다. 필요할 때에 뇌의 에너지를 쓸 수 있도록, '어떠하든 괜찮은 것'에 대해서는 생각하지 않고 결정할 수 있는 습관을 기르자.

습관화한다는 것은 결정해야 할 일의 가짓수를 줄인다는 의미다. 그 전형적인 예가 버락 오바마와 마크 저커버그처럼 입는 옷의 스타일을 정하는 경우다. 결정의 수를 줄이면 우리 인생에서 중요한 결정의 정밀도를 더 높일 수 있다. 무엇보다 정리 습관을 통해 저절로 돈이 붙는 인생이 만들어진다.

인생의 중요한 결정은 스스로 내리자

물론 우리 모두 그들처럼 입을 옷을 하나로 통일하자는 말은 아니다. 그러나 만일 자신에게 옷이 중요하지 않다면 '이 셔츠에, 양복은 이것, 바지는 저것……' 하고 정해 둔 다음 계절이나 날씨만 고려해 그것을 순서대로 입으면 된다.

혹은 식사가 그다지 중요하지 않은 사람이라면 '평일 점심은 매일 메뉴가 바뀌는 이 식당에서 해결하자' 하는 식으로 간단하게 정해서 먹을 수도 있다. 생활용품도 마찬가지다. 굳이 사용을 고집하는 제품이 없다면 '지금 쓰고 있는 세제가 여기까지 줄면 같은 것을 산다'라고 기준을 정해 둘 수 있다.

이때 100원, 200원 절약하는 것은 그다지 중요하지 않다. 그 돈을 아끼려고 에너지를 소비할 바에는 다소 비싸게 사는 편이 오히려 쾌적한 생활을 하는 데 도움이 된다. 기준을 한번 정한 다음 이를 습관화하고, 그 습관을 정기적으로 '메타인지'로 재확인하면, 그 어떤 판매 전략이나 인지 편향에도 쉽게 속아 넘어가지 않는다.

그렇게 하여 어느 정도 확고한 상태에서 비로소 '나는 꾸미는 걸 좋아하니까 이 부분은 확실하게 스토리를 그리겠다', '맛있는 음식을 좋아하니 이런 스토리를 그리겠다' 하는 생각으로 머릿속에 스토리를 그려 보면 된다.

인생의 '중요한 결정'을 스스로 충분히 생각하여 내리려면, 다시 말해 인지 편향이나 다른 사람의 유도에 휘말리지 않으려면, 뇌의 에너지를 보존해 둘 필요가 있다. 오바마나 저커버그처럼 유능한 이들도 결정의 수를 줄이니, 평범한 우리는 더욱더 그렇게 해야 한다.

인생을 복잡하지 않게, 단순하게 살아 보자. 자기 삶의 스토리를 실현하기 위해서는 온갖 짐을 질 것이 아니라 도리어 그것들을 놓아 버리는 것이 중요하다.

06

성공을 부르는 뇌 관리법

눈앞의 충동을 길들이기

'다이어트하겠다고 결심했는데, 친구가 불러내서 술을 마시고 말았다.'

'구경만 하려 했는데 매장 점원이 자꾸 권하는 바람에 옷을 사 버렸다.'

누구나 이런 경험이 있을 것이다. 이는 '지금의 유혹'에 넘어간 상황이다.

그러나 성공한 인생을 살기 위해서는, 즉 자신이 그린 스토리대로 살아가기 위해서는 자제심이 필요하다. 유혹을 이길 수 있는가 아닌가는 우리 인생을 크게 좌우한다. 그리고 자제심을 강화하면 인생을 바꿀 수 있다.

이는 미국의 심리학자 월터 미셸Walter Mischel 박사의 '마시멜로 테스트'라는 실험으로도 확인된 바 있다. 미셸 박사는 네 살 어린이들을 한 명씩 방으로 불렀다. 박사는 아이 앞에 마시멜로를 한 개 놓아두면서 "15분 동안 먹지 않고 기다리면 한 개 더 주겠다"고 말한 다음 방 밖으로 나갔다. 그리고 혼자 남겨진 아이가 어떤 행동을 하는지를 카메라로 관찰했다.

그 결과, 많은 아이들이 15분을 견디지 못하고 평균 2분 후에 마시멜로를 먹어 버렸다. 그러나 그중에는 인내심이 강한 아이들도 있었다. 전체 인원 중 4분의 1에서 3분의 1가량의 아이들은 마시멜로를 먹지 않고 끝까지 기다렸다. 방의 한쪽 구석으로 이동하거나 손으로 자기 눈을 가려 마시멜로를 보지 않으려고 했고, 노래를 만들어 부르거나 머리카락을 만지며 자제심을 발휘하기도 했다. 박사의 말을 듣고서 자신이 머릿속에 그린 '15분 동안 마시멜로를 먹지 않는다'는 스토리가 눈앞에 있는 마시멜로의 유혹에 의해 고쳐 쓰이지 않도록 자신의 기분을 전환했던 것이다.

15분의 인내가 알려 주는 궁극의 성공 법칙

16년 후, 미셸 박사는 당시 네 살이던 아이들이 스무 살이 되어 어떻게 성장했는지를 알아보았다.

결과는 놀라웠다. 15분간 마시멜로를 먹지 않고 참았던 아이들은 그렇지 않은 아이들에 비해 주위에서 '우수하다'는 평을 받거나 대학 진학 시험 점수가 높았다. 또 마시멜로를 먹지 않고 참았던 아이들의 비만 지수는 전체적으로 낮았는데, 이를 통해 욕구불만과 스트레스에 대한 대처를 잘하고 있다는 것도 알 수 있었다.

또 fMRI(기능성 자기공명영상)로 뇌의 활동을 조사해 보니 자제심을 발휘했던 아이들의 경우 충동을 억제하는 전전두피질prefrontal cortex의 활동이 왕성했다. 반면에 자제하지 못했던 아이들은 욕구와 중독의 원인인 도파민에 반응하는 복측선조체 ventral striatum의 활동이 왕성했다.

이처럼 자제심을 갖는 것은 장기적으로 보았을 때 성공과도 밀접한 관련이 있다. 이 실험은 네 살짜리 어린아이들을 대상으로 이루어졌지만, 전전두피질을 강화해 충동을 억제하는 것은 어른에게도 중요하다.

우리도 늦지 않았다. 눈앞의 충동과 인지 편향 같은 뇌의 버릇에 꺾이지 않도록, 그래서 자신이 머릿속에 그린 스토리가 고쳐 쓰이지 않도록 한다면 씀씀이를 바꾸고 내가 꿈꾸는 미래를 실현할 수 있다.

07

비움으로 더욱 풍요로워지기

낭비와 여백의
차이

지금까지 우리는 낭비를 없애는 방법을 알아보았다. 이제 마지막으로, '낭비'와 구별해야 할 '여백'이라는 사고방식에 대해서 알아보자.

낭비는 없앨수록 인생을 풍요롭게 하지만, 여백까지 없애 버리면 무미건조한 삶이 된다. 가까운 예로, 종이 낭비를 막자는 생각으로 이 책의 여백을 모두 없애면 어떻게 될까? 책장을 넘길 때마다 위에서 아래까지 빽빽한 글자……, 상상만 해도 책을 읽고 싶은 마음이 사라질 것이다.

종이의 여백은 불필요한 공간이 아니다. 문장을 읽기 쉽도록 하기 위해서 반드시 필요하다. 이처럼 전혀 필요 없어 보이지만 사실은 결코 없어서는 안 되는 것을 무용지용無用之用(언뜻 쓸모없게 보이는 것이 오히려 큰 구실을 함)이라고 한다. 중국의 사상가 장자莊子의 가르침 중 하나다.

이를테면 요리에 종종 곁들여지는 파슬리가 그렇다. 아마 파슬리에 목을 매는 사람이나 요리에 파슬리가 빠지면 절대 안 된다고 생각하는 사람은 거의 없을 것이다. 그러면 파슬리를 구입하는 몇천 원이라는 비용은 '낭비'인 것일까? 그렇지 않다. 음식에 색감을 더함으로써 요리를 더욱 맛있게 먹을 수 있도록 해 주기 때문이다.

낭비를 없애겠다는 의지는 중요하지만, 그것으로 스토리가 빈약해진다면 다시 생각해 볼 필요가 있다. 예를 들어, 역 앞의 땅을 유용하게 활용하겠다며 그곳에 빽빽하게 건물을 지어 주거 공간과 사무실, 상업 공간 등으로 나눠 두면 과연 살기 좋은 곳이 될까? 그와 같이 답답한 곳보다는 적당히 초록 식물이 있고 하늘이 보이는 공간에서 사는 편이 더 좋을 것이다.

단순한 무소유가 아니라
내가 좋아하는 것에 집중하는 삶

이처럼 우리는 합리성만으로는 살 수 없다. 충분한 여백으로 인생은 보다 풍요로워진다는 것을 기억하자.

돈 사용법에 대한 관점을 바꾸어라

우리는 당장 도움이 되는 것, 즉각 효과가 나타나는 것만 추구하고 언뜻 쓸모없거나 불필요하게 보이는 것은 무시하는 경향이 있다. 그러나 세상에는 필요치 않아 보이는 것들이 쌓여야만 유용해지는 것들도 많다. 우리가 지금 살고 있는 지구도 그렇게 해서 탄생하지 않았던가.

따라서 '다들 낭비라고 하니까', '상식적으로 봤을 때 헛수고야' 하는 식으로 획일적으로 생각해서는 안 된다. 매사에 자신의 머릿속으로 정확히 스토리를 그릴 수 있고 그것을 멋지다고 생각한다면, 그 기분에 솔직해지면 된다.

'늘 똑같은 옷을 사는 건 낭비다.'

'맥줏값이 아까우니까 무알코올 맥주 음료로 대신하자.'

정말 그런가? 이를 통해 멋진 스토리를 그릴 수 있는가?

나아가, 단면적인 스토리만 떠올릴 것이 아니라 때로는 관점을 바꿔서 생각해 볼 필요도 있다. 자신에게 낭비 같았던 것도 다른 관점에서 보면 배려나 소통의 도구로 바뀌곤 하기 때문이다. 지금까지 설명한 '올바른 스토리를 그리는 것'은 결국 이러한 '여백'을 포함하는 돈 사용법인 셈이다.

당신의 스토리에는 다른 사람이 보기에 '낭비'라고 여겨지는 것들도 있을 것이다. 그러나 자신이 스토리를 정확히 그릴 수 있다면 그것을 버려서는 안 된다. 나의 인생은 나만의 것이다. 내가 '멋지다', '이렇게 됐으면 좋겠다'라고 생각한 것들로 채워 나가자.

반대로, 다른 사람의 스토리에는 당신이 보기에 '낭비'로 여겨지는 것도 있을 것이다. 그러나 그것이 나름대로의 스토리를 갖고 있다면 그 역시 상대방의 개성으로 존중해야 한다.

그렇게 각자의 스토리와 삶의 방식을 신중하게 생각한다면, 우리 모두는 보다 풍요로운 인생을 만들어 갈 수 있다.

| 에필로그 |

나답게 부자 되는 방법

지금까지 '왜 우리는 계속 돈을 쓰고 마는가'를 '뇌과학'으로 분석하고 이야기해 보았다. 돈이 새는 이유와 돈이 나가는 길을 알아야 낭비를 줄이고 돈을 모을 수 있다. 또한 제대로 자신만의 돈 쓰기 방법을 깨달음으로써 풍요로운 인생에 한 걸음 더 가까이 다가갈 수 있다.

각 장에서 거듭 말했지만 우리가 돈을 쓰는 이유는 우리 탓이 아닌 뇌의 버릇 때문이다. 스트레스를 받고 싶지 않고 복잡한 것을 싫어하는 우리의 뇌는 자동적으로 '쉬운 판단'을 내림으로써 수많은 실수를 저지른다.

이는 뇌가 그렇게 만들어졌기에 어쩔 수 없는 일이다. 하지만 그렇다고 해서 뇌의 판단에 무조건 따르면 우리의 소중한 돈과 시간은 점점 사라질 뿐이다. 만일 항상 바쁘기만 하다면, 항상 돈이 없다면 그것은 '뇌의 버릇'에 따라서 행동하고 있기 때문이다. 그렇기 때문에 우리는 뇌의 버릇을 제대로 알고 바로잡기 위해 새로운 무기가 필요하다. 그것이 바로 5장에서 소개한 스토리를 그리는 방법이다. 자신만의 스토리를 그리고 그것에 집중함으로써 뇌를 혼란스럽게 만드는 판매 전략을 알아차리고 충동에서 벗어날 수 있다.

스토리를 그리기 위해서는 자신이 어떤 인생을 살고 싶은지, 어떤 사람이 되고 싶은지를 먼저 그려야 한다. 소중한 것, 중요한 것을 가장 최우선으로 삼고 그 목표를 실현하기 위해 돈과 시간 에너지를 사용하면 된다.

인생을 살다 보면 일과 연애, 결혼, 육아, 질병과 간병 등 여러 가지 사건이 생기고 큰 결정을 내려야 할 때가 생긴다. 그때도 하나하나에 스토리라는 사고방식을 응용한다면, 결정을 내리는 데 도움이 될 것이다. 무엇보다 당신의 삶 자체가 풍요로워질 것이다.

그리고 그 끝에는 다른 누구의 강요가 아닌 나 자신이 일구고 빚어낸 '나의 만족', '나의 행복'이 기다리고 있을 것이다.

세상에서 가장 쉬운
뇌과학자의 부자 수업

1판 1쇄 인쇄 2018년 6월 22일
1판 1쇄 발행 2018년 7월 6일

지은이 스가와라 미치히토
옮긴이 홍성민
펴낸이 고병욱

기획편집실장 김성수 **책임편집** 박혜정 **기획편집** 윤현주 장지연
마케팅 이일권 송만석 김재욱 김은지 **디자인** 공희 진미나 백은주 **외서기획** 엄정빈
제작 김기창 **관리** 주동은 조재언 신현민 **총무** 문준기 노재경 송민진

교정 김연주

펴낸곳 청림출판(주)
등록 제1989-000026호

본사 06048 서울시 강남구 도산대로 38길 11 청림출판(주) (논현동 63)
제2사옥 10881 경기도 파주시 회동길 173 청림아트스페이스 (문발동 518-6)
전화 02-546-4341 **팩스** 02-546-8053
홈페이지 www.chungrim.com
이메일 cr1@chungrim.com
블로그 blog.naver.com/chungrimpub
페이스북 www.facebook.com/chungrimpub

ISBN 978-89-352-1221-7 (03320)

※ 책값은 뒤표지에 있습니다. 잘못된 책은 구입하신 서점에서 바꾸어 드립니다.
※ 청림출판은 청림출판(주)의 경제경영 브랜드입니다.
※ 이 도서의 국립중앙도서관 출판예정도서목록(CIP)은 서지정보유통지원시스템 홈페이지
(http://seoji.nl.go.kr)와 국가자료공동목록시스템(http://www.nl.go.kr/kolisnet)에서
이용하실 수 있습니다.(CIP제어번호: CIP2018016409)